情境式应用文写作

任务手册

机械工业出版社

目 录

01 学习篇
情境一　读书励志 // 001
情境二　学业日常 // 007

02 活动篇
情境一　会议组织 // 013
情境二　介绍展示 // 019

03 求职篇
情境一　应聘面试 // 025
情境二　岗位实习 // 031

04 职业篇
情境一　职业发展 // 037
情境二　创业投资 // 043

05 生活篇
情境一　租赁委托 // 049
情境二　寻人寻物 // 055

06 公务篇
情境一　情况汇报 // 061
情境二　事务周知 // 067

情境一　读书励志

学习任务单		
学习文体	倡议书	班级姓名
任务布置	请拟写一份"书籍伴我成长"倡议书，号召同学们"多读书、读好书"。要求语言简明，内容具体，格式正确。	

写作训练

"书籍伴我成长"倡议书

_____：

　　在_____日子里，我们迎来了由校团委主办的读书月活动。为了_____，我诚挚地向同学们发出倡议：

　　一、_____

　　二、_____

　　"最是书香能致远，腹有诗书气自华。"亲爱的同学们，_____

_____
____年___月___日

(续)

知识巩固

阅读题干，在合适的选项后面打"√"。

1. 下面是同学们拟的某次倡议书习作的题目，谁的题目不恰当？
   A. 张兰：《倡议书》（   ）
   B. 李珍：《为什么要节约资源》（   ）
   C. 王清：《关于节约水资源的倡议书》（   ）

2. 在"环境保护月"活动中，校宣传部向全校师生发出倡议，倡导节约、低碳、环保理念。下面哪项适合作为倡议事项写在倡议书中？
   A. "环境保护月"活动的背景（   ）
   B. 节约"一滴水、一度电、一张纸"（   ）
   C. 号召爱护校园，从我做起（   ）

3. 王清搜集了一些环保宣传标语，准备写在倡议书中。请为他的《关于节约水资源的倡议书》选择一条合适的宣传标语。
   A. 家园只有一个，地球不能克隆。（   ）
   B. 保护环境就是保护生命。（   ）
   C. 水是生命的源泉，珍惜水资源就是珍惜人类的生命。（   ）

4. 倡议书的特点有哪些？
   A. 群众性（   ）   B. 不确定性（   ）
   C. 公开性（   ）   D. 强制性（   ）

任务评价

评价维度	评价标准	自评	互评	师评
知识掌握（30分）	了解倡议书的特点，掌握倡议书的格式写法			
写作任务（50分）	格式正确，内容具体，语言简明，有感染力			
表达交流（10分）	善于倾听，敢于交流，重视表达训练			
素养达成（10分）	拥有良好的阅读习惯，主动阅读，大量阅读			

任务总结

通过本课的学习，我掌握了_____，很好地完成了_____，并得到了_____方面的经验。但在_____方面存在问题，产生问题的原因是_____，希望得到_____方面的帮助。

学习任务单

学习文体	**读书笔记**	班级姓名	
任务布置	请选取自己喜欢的书籍，写一则评注。要求在认真读书的基础上，有选择地摘抄原文，并针对摘抄部分进行细致评注，有所感悟。		

写作训练

评 注

原文：_____

_____

_____

_____

_____

_____

_____

_____

—— _____《_____》

评：_____

_____

_____

_____

_____

_____

_____

_____

(续)

知识巩固

一、填空题

1. 读书笔记的特点有_____、_____、_____。
2. 读书笔记的种类主要有_____式读书笔记、_____式读书笔记、_____式读书笔记等。
3. 评注式读书笔记有_____、_____、_____、_____、_____五种形式。
4. 心得式读书笔记包括_____、_____两种形式。

二、判断题

1. 提纲，是可以采用原文的语句和自己的语言相结合的方式来写的。（　　）
2. 补充原文读书笔记是读过书籍或文章后觉得需要进行补充的，可以按照自己的想法随意发挥，自由补充。（　　）
3. 提要和提纲一样，都可以用原文或自己的语言进行总结概括。（　　）
4. 评注式读书笔记就是在做读书笔记时不单摘记原文，还要把自己对所读文章的认识、看法及态度要点写出来。（　　）
5. 无论哪种形式的读书笔记，都要摘抄原文。（　　）
6. 读书笔记重点在"记"，"读"可以不太重视。（　　）

任务评价

评价维度	评价标准	自评	互评	师评
知识掌握（30分）	了解读书笔记的种类，掌握评注的写法			
写作任务（50分）	格式正确，评注言之有物，语言恰当			
表达交流（10分）	敢于表达，能够简明、连贯地进行交流分享			
素养达成（10分）	养成记读书笔记的习惯，积累文学赏析经验			

任务总结

通过本课的学习，我掌握了_____，很好地完成了_____，并得到了_____方面的经验。但在_____方面存在问题，产生问题的原因是_____，希望得到_____方面的帮助。

学习任务单

学习文体	**演讲稿**	班级姓名	
任务布置	针对阅读的优秀文学作品，写一篇参加"阅读越美"演讲比赛的演讲稿。要求观点鲜明，语言张弛有度，有个人特色。		

写作训练

_____：

  我是_____班的_____，我演讲的题目为《_____》。

  《_____》是一部经典的文学作品，主要讲的是_____
_____
_____
_____
_____
_____

  我最喜欢这本书里的_____，因为_____
_____
_____
_____
_____
_____

  喜欢_____还有一个原因，_____
_____
_____
_____
_____
_____

情境一　读书励志

(续)

知识巩固

一、单选题

1. 一篇演讲稿用含蓄的语言结尾，使听众在演讲结束后能继续回味和琢磨演讲的主题。这种结尾的方式叫（　　）。

   A. 总结式　　　　　B. 余韵式　　　　　C. 号召式　　　　　D. 格言式

2. 一篇演讲稿利用因果、逻辑、时间等内在联系循序渐进地展开材料，从而在演讲的最后达到情感和主题的高潮的结构模式叫（　　）。

   A. 正反对比式　　　B. 层层递进式　　　C. 排比总结式　　　D. 平行并列式

3. 下列说法正确的是（　　）。

   A. 演讲是以书面的形式表达口语的内容

   B. 演讲是以演为主，以讲为辅

   C. 演讲的开头可以讲故事

   D. 采用反问式结尾可以使听众在演讲结束后继续回味演讲的主题

二、判断题

1. 演讲的选材很广阔，古今中外，无所不包，毫无限制。（　　）
2. 演讲是一种应用广泛的口语艺术。（　　）
3. 演讲具有理性论说的性质，写作演讲稿一定要突出政论性。（　　）

任务评价

评价维度	评价标准	自评	互评	师评
知识掌握（30分）	掌握演讲稿的特点、种类及格式写法			
写作任务（50分）	内容充实，语言有感染力			
表达交流（10分）	在交流分享中有感悟，能发表自己的观点			
素养达成（10分）	阅读经典，传播优秀传统文化			

任务总结

　　通过本课的学习，我掌握了_____，很好地完成了_____，并得到了_____方面的经验。但在_____方面存在问题，产生问题的原因是_____，希望得到_____方面的帮助。

情境二　学业日常

学习任务单

学习文体	提　纲	班级姓名	
任务布置	为主题班会"学党史，感党恩，增技能"写一份班会讲话提纲。要求把发言的主要内容以小标题的形式写出来，条理清晰，内容简明。		

写作训练

"学党史，感党恩，增技能"班会讲话提纲

（_____年___月___日）

　　通过学校组织的学党史系列讲座，我认真学习了中国共产党100年_____的历史，我也更加坚定了_____理想信念，我要_____。

　　一、学习收获

　　（一）夯实理论根基

_____
_____
_____

　　（二）指导工作实践

_____
_____
_____

　　二、努力方向

_____
_____
_____

　　"雄关漫道真如铁，而今迈步从头越。"生在新时代的我们，要倍加珍惜现在的幸福生活，

_____
_____
_____
_____

（续）

知识巩固

一、选择题

1. 提纲的特点有（　　　）。
   A. 纲要性　　　　B. 条理性　　　　C. 规定性　　　　D. 指令性
2. 提纲的种类有（　　　）。
   A. 汇报提纲　　　B. 传达提纲　　　C. 讲话提纲　　　D. 写作提纲
3. 从一般意义上讲，有关人员参加上级机关召开的会议后，为了向本级或下级机关传达会议精神而写的书面材料叫（　　　）。
   A. 专项工作汇报提纲
   B. 会议传达提纲
   C. 综合工作汇报提纲
   D. 会议情况通报提纲

二、判断题

1. 讲话提纲的前言要介绍具体工作情况、主要成绩、存在的问题、工作经验、下一步打算等。（　　）
2. 讲话提纲的主体，要写明讲话的目的、原因或概括工作的总体情况、得出有关的结论等。（　　）
3. 讲话提纲一定要写得简略，不能有详细内容，越简越好。（　　）

任务评价

评价维度	评价标准	自评	互评	师评
知识掌握（30分）	掌握提纲的特点、种类及格式写法			
写作任务（50分）	条理清晰有逻辑，语言恰当，繁简适宜			
表达交流（10分）	能陈述自己的观点，语言规范，沟通顺畅			
素养达成（10分）	知党，爱党，感恩党，树立坚定跟党走的信念			

任务总结

通过本课的学习，我掌握了＿＿＿＿＿＿＿＿＿＿＿＿，很好地完成了＿＿＿＿＿＿＿＿＿＿＿＿，并得到了＿＿＿＿＿＿＿＿＿＿＿＿方面的经验。但在＿＿＿＿＿＿＿＿＿＿＿＿方面存在问题，产生问题的原因是＿＿＿＿＿＿＿＿＿＿＿＿，希望得到＿＿＿＿＿＿＿＿＿＿＿＿方面的帮助。

学习任务单

学习文体	**书信**	班级姓名	
任务布置	请给未来的自己写一封信,表达努力奋斗、报效祖国的决心。要求格式规范准确,内容表达清楚,感情真挚。		

写作训练

亲爱的_____：

　　_____

　　看到这封信的时候，你正值为国建功立业的美好年华，这些年，你一定_____

_____

_____

_____

　　我最希望看到你为祖国奋斗、为理想拼搏的样子，_____

_____

_____

_____

　　笔不前驰，让我们_____

_____

_____

_____

　　祝_____

_____

知识巩固

一、填空题

1. 书信有_____、_____两类。
2. 书信的特点有_____、_____和_____。
3. 一般书信的写作结构由_____、_____、_____、_____和_____构成。

二、请找出下面一封书信在格式上和内容上的错误，并改正。

　　小明，你好！

　　距上次相聚已近三年，很是想念。我定好了下月10号的机票前往北京，很希望能在北京与你见面。记得上学的时候，你特别喜欢吃我从家乡带来的干豆腐和烧鸡，此次赴京，我会馈赠给你家乡的特产，敬请笑纳。

　　话不絮繁，见面聊！

此致

　　敬礼！

小刚
即日

任务评价

评价维度	评价标准	自评	互评	师评
知识掌握（30分）	掌握一般书信的格式写法			
写作任务（50分）	严格遵循书信写作格式，语言贴切，感情真挚			
表达交流（10分）	比较清晰地阐发观点，表达自己的真情实感			
素养达成（10分）	怀感恩之情，立报国之志			

任务总结

　　通过本课的学习，我掌握了_____，很好地完成了_____，并得到了_____方面的经验。但在_____方面存在问题，产生问题的原因是_____，希望得到_____方面的帮助。

学习任务单

学习文体	读（观）后感	班级姓名	
任务布置	选择讴歌母爱、歌颂父爱的文章或书籍，写一篇读后感。要求符合读后感的写作规范，观点清晰，语言真挚。		

写作训练

《_____》读后感

　　我看了《_____》，这本书（这篇文章）主要讲了_____

_____

_____

_____

_____

　　最打动我的一个情节（一段话）是_____

_____

_____

_____

_____

_____

　　这让我想到_____

_____

_____

_____

_____

　　最后，我想说_____

_____

_____

_____

_____

(续)

知识巩固

一、填空题

1. 读（观）后感的特点有_____和_____。
2. 读（观）后感的正文由_____、_____、_____、_____四部分构成。

二、判断题

1. 读（观）后感的"感"是在读（观）的基础上生发的，因此，除了读（观）某部作品外，还可以读（观）相关的作品。（　　）
2. 读一本书时，读者被很多地方打动，可以在写读后感时全部都写出来，不必拘泥于一个点。（　　）
3. 写读后感时，要把原文内容全面概况，不能太简略，可以占读后感的大部分篇幅。（　　）

三、选择题

以下哪些适合作为读后感的标题？（　　）

A. 我想拥有三天光明——读《假如给我三天光明》有感
B. 《假如给我三天光明》读后感
C. 读《假如给我三天光明》

任务评价

评价维度	评价标准	自评	互评	师评
知识掌握（30分）	掌握读（观）后感的格式写法			
写作任务（50分）	格式规范，观点明晰，语言恰当			
表达交流（10分）	乐于交流，善于倾听，能清晰表述个人观点			
素养达成（10分）	感恩亲情，以实际行动回报父母			

任务总结

通过本课的学习，我掌握了_____，很好地完成了_____，并得到了_____方面的经验。但在_____方面存在问题，产生问题的原因是_____，希望得到_____方面的帮助。

情境一　会议组织

学习任务单		
学习文体	通　知	班级姓名
任务布置	请为校团委拟写一则"青春共筑防疫长城"主题团会的通知，要求使用规范的公文术语，内容具体，语言简明，格式正确。	
写作训练		

　　_____通知

_____：

　　为了_____，经校团委研究，决定_____。现将具体事项通知如下：

_____

_____

_____

_____

_____

_____

_____

_____

_____

　　　　　　　　　　　　　　　　　　　　　_____

　　　　　　　　　　　　　　　　　　　　　____年___月___日

（续）

知识巩固

一、通知标题改错

1. 强台风紧急通知　　应改为：_____

2. 关于铺张浪费问题的通知　　应改为：_____

3. ××市人民政府关于做好疫情防控的通知　　应改为：_____

4. 关于召开动员大会的通知　　应改为：_____

二、请找出下面一则通知在格式上和内容上的错误，并改正。

通　知

全校共青团员：

　　为缅怀革命先烈，弘扬爱国主义精神，经校团委研究，决定组织共青团员于4月2日到烈士陵园扫墓。请参加人员统一穿校服，佩戴团徽，服从带队老师的指挥。

校学生处

2021 年 3 月 30 日

任务评价

评价维度	评价标准	自评	互评	师评
知识掌握（30分）	掌握通知的含义、特点、种类及格式写法			
写作任务（50分）	独立写作，格式正确，内容具体，语言规范			
表达交流（10分）	善于倾听，敢于表达，能够陈述主要观点			
素养达成（10分）	理解抗疫精神内涵，弘扬抗疫精神			

任务总结

　　通过本课的学习，我掌握了_____，很好地完成了_____，并得到了_____方面的经验。但在_____方面存在问题，产生问题的原因是_____，希望得到_____方面的帮助。

学习任务单		
学习文体	**会议记录**	班级姓名
任务布置	组织召开"青春共筑防疫长城"主题团会，并做好会议记录。要求将会议的组织情况和会议内容真实、准确地记录下来，要点完整。	

写作训练

会议记录

时　　间：_____　　　地　　点：_____

会议名称：_____

出 席 人：_____

缺 席 人：_____

主 持 人：_____

会议内容

_____

_____

_____

_____

_____

_____

_____

_____

_____

_____

_____

会议到此结束。

主持人：_____

记录人：_____

（续）

知识巩固

多选题

1. 会议记录的特点有（　　　）。
   A. 真实性　　　　　B. 完整性　　　　　C. 资料性　　　　　D. 详细性

2. 记录人做会议记录时，不可以在会议记录中（　　　）。
   A. 加入自己的主观意见　　　　　B. 不记录议题
   C. 对所记内容作评论　　　　　　D. 与发言者用词不同，但意思完全一致

3. （　　　）适合采用简要记录。
   A. 政府工作会议　　　　　　　　B. 重要决策会议
   C. 公司例会　　　　　　　　　　D. 班会

4. 下面关于会议记录的整理，表述正确的有（　　　）。
   A. 通常情况下，会议记录都需要整理
   B. 会议记录的整理要全面，保证要点不漏
   C. 整理会议记录可以在原始记录的基础上合理划分段落
   D. 会议记录整理后，应送讲话人、主持人或召集人审阅

5. 下面关于会议记录的写法，表述正确的有（　　　）。
   A. 会议组织情况应该在开会之前写好
   B. 会议内容重点记录会议要点
   C. 与会者的发言可记可不记
   D. 凡是发言都要如实记录

任务评价

评价维度	评价标准	自评	互评	师评
知识掌握（30分）	了解会议记录的特点，掌握其格式写法			
写作任务（50分）	独立完成，真实准确，要点不漏，规范工整			
表达交流（10分）	愿意主动交流，乐于表达，能够有感而发			
素养达成（10分）	学习身边榜样，践行抗疫精神，致敬时代英雄			

任务总结

通过本课的学习，我掌握了＿＿＿＿＿＿＿＿＿＿，很好地完成了＿＿＿＿＿＿＿＿＿＿，并得到了＿＿＿＿＿＿＿＿＿＿方面的经验。但在＿＿＿＿＿＿＿＿＿＿方面存在问题，产生问题的原因是＿＿＿＿＿＿＿＿＿＿，希望得到＿＿＿＿＿＿＿＿＿＿方面的帮助。

学习任务单		
学习文体	**申请书**	班级姓名
任务布置	请按照申请书的标准格式写一封志愿者申请书，积极投身到志愿服务中来。要求实事求是，态度诚恳，字迹工整，无涂改。	

写作训练

志愿者申请书

_____：

　　我是_____，我申请加入_____。

　　青年志愿者行动的宗旨是_____

_____

_____

_____

　　作为一名_____，我有爱国热情和奉献精神，_____

_____

_____

_____

　　如果我能成为一名光荣的志愿者，我承诺_____

_____

_____

_____

　　　　　　　　　　　　　　　　　　　　　　　　　　　_____

　　　　　　　　　　　　　　　　　　　　　　　　　　　_____

（续）

知识巩固

请找出下面入团申请书在格式上和内容上的错误，并改正。

申请书

敬爱的吴老师：

  我申请入团。

  通过团章的学习，团组织和团员同学对我的教育和帮助，我认识到作为 20 世纪的青年，必须积极争取加入到青年人自己的组织：中国共产主义青年团。共青团是党的可靠助手和后备军，具有"四有""五爱"品质。我应该争取加入共青团。

  我要用实际行动争取及早加入共青团，请一定批准。如果我被批准了，我决心做名副其实的共青团员，处处起模范作用；如果我一时未被批准，决不灰心，时刻接受考验，继续创造条件争取入团。

  此致

    敬礼！

申请人：杨澜
2021 年 5 月 5 日

任务评价

评价维度	评价标准	自评	互评	师评
知识掌握（30 分）	掌握申请书的特点和格式写法			
写作任务（50 分）	格式正确，目的明确，理由充分，态度诚恳			
表达交流（10 分）	乐于表达，能够列举事实阐发自己的观点			
素养达成（10 分）	深刻理解"志愿精神"，积极投身志愿服务			

任务总结

  通过本课的学习，我掌握了_____，很好地完成了_____，并得到了_____方面的经验。但在_____方面存在问题，产生问题的原因是_____，希望得到_____方面的帮助。

情境二　介绍展示

学习任务单		
学习文体	**邀请函**	班级姓名
任务布置	请以校学生处的名义写一封邀请函，邀请各班班主任和同学们参加劳模宣讲会。要求自行设定邀约的具体事项，语言得体，格式正确。	
写作训练		

劳模宣讲会邀请函

＿＿＿＿＿＿：

　　"劳模工匠进校园"活动月到来了，学校邀请到张腾蛟、孙飞、王刚等全国劳模到校开展宣讲，分享他们求学求艺、锤炼技能的经历。让我们一起聆听劳模故事，感受劳模精神！

　　宣讲会将于＿＿＿＿＿＿＿＿＿＿＿＿＿＿＿＿

＿＿＿＿＿＿＿＿＿＿＿＿＿＿＿＿＿＿＿＿＿＿

＿＿＿＿＿＿＿＿＿＿＿＿＿＿＿＿＿＿＿＿＿＿

＿＿＿＿＿＿＿＿＿＿＿＿＿＿＿＿＿＿＿＿＿＿

＿＿＿＿＿＿＿＿＿＿＿＿＿＿＿＿＿＿＿＿＿＿

＿＿＿＿＿＿＿＿＿＿＿＿＿＿＿＿＿＿＿＿＿＿

＿＿＿＿＿＿＿＿＿＿＿＿＿＿＿＿＿＿＿＿＿＿

＿＿＿＿＿＿＿＿＿＿＿＿＿＿＿＿＿＿＿＿＿＿

　　敬请莅临！

主办单位：＿＿＿＿＿＿＿
＿＿＿＿＿＿＿

（续）

知识巩固

请找出下面一封邀请函在格式上和内容上的错误，并改正。

关于邀请出席 70 周年校庆的函

各位校友：

  桃花纷飞，相约××！

  2021 年，我校迎来了建校 70 周年庆典。一次迁址，两度更名，三番合校，70 年，我们走过了一段变革、发展、创新的不凡历程；70 年，我们培养出几十万装备制造业的中坚力量；70 年，我们仍是少年！亲爱的校友，在这个重要的时刻，学校离不开你们的鼎力支持和热忱参与，无论您已功成名就还是正艰苦创业，无论您在外打拼还是在建设家乡，我们都真诚地邀请您在百忙之中能够回母校看看，亲历 70 周年华诞庆典。

  校庆当日，我们将在学校图信楼一楼正厅接待校友返校，发放校庆材料。如能拨冗出席，请填写附件中的电子回执单，并于 6 月 1 日前发送至邮箱 98765@163.com。

  可能有部分校友因工作单位或住址变更无法收到邀请函，望各位校友相互转告。如有任何疑问请随时联系我们。

  全校师生敬祈与您如期相聚，共襄盛典！

附件：1.《××学校 70 周年校庆回执单》
   2.《××学校 70 周年校庆活动安排》

联系人：长江
2021 年 5 月 29 日

任务评价

评价维度	评价标准	自评	互评	师评
知识掌握（30 分）	掌握邀请函的特点和正式邀请函的格式写法			
写作任务（50 分）	格式正确，事宜交代周详，措辞讲究礼节			
表达交流（10 分）	在交流中能够获取他人观点，阐述自己观点			
素养达成（10 分）	感知礼仪，关注细节，践行礼仪			

任务总结

  通过本课的学习，我掌握了_____，很好地完成了_____，并得到了_____方面的经验。但在_____方面存在问题，产生问题的原因是_____，希望得到_____方面的帮助。

学习任务单		
学习文体	解说词	班级姓名
任务布置	请撰写一篇人物事迹解说词，介绍一位你熟悉的劳动模范事迹。要求深入了解解说对象，介绍人物成长经历，突出最有价值的人物精神。	

写作训练

_____解说词

　　_____是一名_____，今年是他_____的第_____年，_____。让我们走近这位_____。

　　_____岁时，_____

_____

_____

_____

_____

_____

　　_____年___月，_____

_____

_____

_____

_____

　　这是_____匠心筑梦的故事，这也是所有精益求精、执着追求的劳动模范们的故事。平凡的工作成就崇高的事业，让我们_____

_____

_____

_____

_____

（续）

知识巩固

一、填空题

1. 解说词是用_____又_____的文字对人物、画面、展品或旅游景观等进行讲解、说明、介绍的一种应用文体。
2. 解说词的特点有_____和_____。
3. 解说词的说明性标题一般由_____和文种构成。
4. 解说词的结尾一般对整个解说过程进行_____，可以_____、_____、提出希望等。

二、多选题

1. 根据解说对象的不同，解说词可以分为（　　）。
   A. 人物事迹解说词　　B. 文物古迹解说词　　C. 活动解说词　　D. 专题片解说词
2. 在撰写解说词之前，要（　　）。
   A. 大量收集相关素材　　　　　　　　B. 深入了解解说对象
   C. 围绕主题构思，确定写作思路　　　D. 了解解说词的应用场合
3. 解说词要力求将抽象的事理形象化，措辞应尽量（　　）。
   A. 口语化　　　B. 规范化　　　C. 通俗化　　　D. 专业化
4. 人物事迹解说词能够感染受众，在于（　　）。
   A. 极尽辞藻之美　　B. 融入真情实感　　C. 人物形象鲜明　　D. 立意深刻高远

任务评价

评价维度	评价标准	自评	互评	师评
知识掌握（30分）	了解解说词特点，掌握人物事迹解说词的写法			
写作任务（50分）	挖掘人物特点，突出人物精神，起到宣传作用			
表达交流（10分）	交流中有独到的见解，能比较清晰地表达观点			
素养达成（10分）	学习劳模精神，树立劳动观念，争当先进			

任务总结

通过本课的学习，我掌握了_____，很好地完成了_____，并得到了_____方面的经验。但在_____方面存在问题，产生问题的原因是_____，希望得到_____方面的帮助。

学习任务单

学习文体	消 息	班级姓名	
任务布置	选取"劳模工匠进校园"系列活动之一,写一则校园消息。要求新闻要素完备,格式规范,语言简练。		

写作训练

_____

____月____日,由市总工会、市教育局联合主办的_____年"劳模工匠进校园"活动在我校正式启动,围绕_____主题,学校开展了_____、_____、_____、_____等系列活动,以大力宣传和弘扬劳模精神。

在_____活动中,_____

_____

_____

_____

_____

_____

_____

_____

_____

_____

_____

通过活动,全体师生向榜样致敬,向先进学习,进一步增强了_____

_____。习近平总书记说:"_____。"让劳模精神_____。

（续）

知识巩固

一、填空题

1. 消息的结构一般包括_____、_____、_____、_____、_____五个部分。
2. 消息的特点有_____、_____和_____。
3. 多行式消息标题由_____、_____和_____组成，其中_____用来介绍背景、渲染气氛，引出主题；_____用来揭示作品最主要的事实和内容；_____用来补充、注释和说明。

二、单选题

1. （　　）是消息的标志，是消息区别于其他文体的重要特征。
   A. 标题　　　　　　B. 消息头
   C. 导语　　　　　　D. 背景
2. 消息写作的最基本方法是（　　）。
   A. 用事实说话　　　B. 简洁扼要
   C. 一事一报　　　　D. 叙述为主
3. 下列关于消息的判断错误的一项是（　　）。
   A. 一则好的新闻要有一个好的标题，因此，多行标题是新闻中最好的标题
   B. 双行标题一般是主次结合，彼此呼应，相互补充
   C. 有些简短的新闻，背景材料可略去
   D. 导语就是消息开头一句或一段简要文字，说明全文要点，点明主题

任务评价

评价维度	评价标准	自评	互评	师评
知识掌握（30分）	了解消息的含义和特点，掌握消息的写作格式			
写作任务（50分）	挖掘人物特点，突出人物精神，起到宣传作用			
表达交流（10分）	交流中有独到的见解，较清晰地表达个人观点			
素养达成（10分）	学习先进，宣传先进，做正能量的传播者			

任务总结

通过本课的学习，我掌握了_____，很好地完成了_____，并得到了_____方面的经验。但在_____方面存在问题，产生问题的原因是_____，希望得到_____方面的帮助。

情境一　应聘面试

学习任务单

学习文体	求职信	班级姓名	
任务布置	请结合个人的实际情况，给心仪的企业写一封求职信。要求格式正确，语言精练，突出自身优势。		

写作训练

求职信

_____：

　　您好！

　　我叫_____，毕业于_____学校，学习_____专业，从_____了解到贵公司正在招聘，我十分希望到贵公司_____部门供职。

　　在校期间，_____
_____
_____
_____

　　此外，_____
_____
_____
_____

　　如果能有幸到贵公司工作，我将_____
_____

　　此致

敬礼！

附件：1._____
　　　2._____

求职人：_____
_____

（续）

知识巩固

一、填空题

1. 求职信是求职者以_____的形式，有针对性地向_____介绍自己的学识、才能、经历等情况，并申请获得某个工作岗位的应用文书。

2. 求职信的目的是_____，要突出求职者的_____，以吸引招聘方的青睐。

二、多选题

1. 求职信的写作注意事项包括（　　　）。

　　A. 写作求职信，既要表现出足够的自信，但又不能自我欣赏、自吹自擂

　　B. 行文中应突出自己对用人单位的正面印象，但不要过多渲染

　　C. 求职信的篇幅要短，切忌面面俱到

　　D. 用语要谦敬得体，措辞要讲究分寸感

2. 下面对求职信特点描述正确的有（　　　）。

　　A. 写作态度要诚恳、得体

　　B. 突出求职者的优势

　　C. 展示自己与别人的不同之处，匠心独运

　　D. 不写与求职无关的话语

任务评价

评价维度	评价标准	自评	互评	师评
知识掌握（30分）	了解求职信的特点，掌握求职信的格式写法			
写作任务（50分）	格式正确，陈述求职条件，突出求职优势			
表达交流（10分）	掌握基本的沟通技巧，会听敢说，语言规范			
素养达成（10分）	培养健康、积极的求职心态，增强求职信心			

任务总结

　　通过本课的学习，我掌握了_____，很好地完成了_____，并得到了_____方面的经验。但在_____方面存在问题，产生问题的原因是_____，希望得到_____方面的帮助。

学习任务单			
学习文体	**简 历**	班级姓名	
任务布置	请根据自己的实际情况完成个人简历的填写。要求针对求职岗位，突出个人优势和能力，字迹工整，无涂改。		

写作训练

个人简历

姓 名		性 别		出生年月		照片
籍 贯		民 族		政治面貌		
健康状况		身 高		体 重		
毕业院校		专 业		最高学历		
家庭住址				邮 编		
联系电话				电子邮箱		
主修课程						
个人简介						
专业特长						
所获证书						
社会实践						
应聘岗位						

（续）

知识巩固

一、填空题

1. 简历是介绍个人身份、_____、_____和_____等情况的应用文书。
2. 个人简历重在_____，应针对_____进行形式和内容上的设计。
3. 简历的正文一般包括_____、_____、工作资历、_____等内容，重点要突出竞聘优势。

二、多选题

1. 简历的特点有（　　　）。
   A. 真实性
   B. 针对性
   C. 精美性
   D. 独特性

2. 下列关于简历的说法不正确的是（　　　）。
   A. 简历有统一的格式要求
   B. 简历有利于求职者进行充分的自我展示
   C. 简历对求职起决定性作用
   D. 简历应尽可能地提供个人所有信息

任务评价

评价维度	评价标准	自评	互评	师评
知识掌握（30分）	了解简历的特点，掌握简历的写作技巧			
写作任务（50分）	内容务实，突出要点，语言规范，简洁工整			
表达交流（10分）	能换位思考，尝试进行有效沟通			
素养达成（10分）	客观地认识自我，评价自我，端正职业态度			

任务总结

通过本课的学习，我掌握了_____，很好地完成了_____，并得到了_____方面的经验。但在_____方面存在问题，产生问题的原因是_____，希望得到_____方面的帮助。

学习任务单			
学习文体	就业协议书	班级姓名	
任务布置	请把握签订就业协议书的注意事项，填写下面的就业协议书。要求如实填写毕业生基本情况栏，模拟身份填写用人单位和学校意见栏。		

写作训练

就业协议书

毕业生基本情况	姓名		性别		出生年月		政治面貌		健康状况	
	毕业学校				学制		专业			
	家庭住址						联系电话			
	本人意见： （签字） 　年　月　日									

用人单位基本情况	单位名称				单位性质	
	联系人		联系电话		合同期限	
	通讯地址					
	薪资待遇					
	用人单位及主管部门意见： （公章） 　年　月　日		用人单位所在地毕业生就业主管部门意见： （公章） 　年　月　日			

学校审核意见	学校名称			联系电话	
	通讯地址			联系人	
	学校毕业生就业部门审核意见： （公章） 　年　月　日				

备注	

(续)

知识巩固

一、填空题

1. 就业协议书是为明确_____、_____和_____三方在毕业生就业工作中的权利和义务，经过协商签订的协议。

2. 就业协议书的特点为一致性、_____、明确性和_____。

二、判断题

1. 就业协议书当事人依法享有自愿订立合同的权利，任何单位和个人不得非法干预。（　　）

2. 就业协议书只有依法订立，遵循法律、行政法规，尊重社会公德，才能具有法律效力。（　　）

3. 就业协议书单位名称要与营业执照一致，不能用简称。（　　）

三、简答题

签订就业协议书时，有哪些注意事项？

_____

_____

_____

_____

_____

任务评价

评价维度	评价标准	自评	互评	师评
知识掌握（30分）	了解就业协议书的含义，掌握其订立原则			
写作任务（50分）	把握注意事项和原则，会签订就业协议书			
表达交流（10分）	积极合作交流，能清晰地阐明个人见解			
素养达成（10分）	树立平等、自愿、守信的契约精神			

任务总结

通过本课的学习，我掌握了_____，很好地完成了_____，并得到了_____方面的经验。但在_____方面存在问题，产生问题的原因是_____，希望得到_____方面的帮助。

情境二 岗位实习

学习任务单

学习文体	个人鉴定	班级姓名	
任务布置	请根据在校期间的思想、学习、工作等方面的表现，写一篇个人鉴定。要求实事求是，层次分明，条理清晰，语言简洁流畅。		

写作训练

个人鉴定

我是_____，经过_____，我从_____成长为_____，收获满满，也反思颇多。现做如下个人鉴定：

一、思想方面

_____
_____
_____
_____

二、学习、工作方面

_____
_____
_____
_____

三、不足之处

_____
_____
_____
_____
_____

以上是我的个人鉴定。回顾过去，_____；对于未来，_____。

_____
____年___月___日

（续）

知识巩固

一、填空题

1. 个人鉴定是个人对自己在一个时期或一个阶段内的_____、学习及_____方面的实际表现进行概括性鉴定_____的应用文体。
2. 个人鉴定的特点有_____、_____、_____。
3. 撰写个人鉴定时要做到_____、语气适中、_____、前后统一。

二、判断题

1. 个人鉴定表述要简洁、具体，不可笼统、抽象、含糊。（   ）
2. 个人鉴定的标题一般直接写"自我鉴定"或"个人鉴定"，也可以由鉴定时间和文种名构成。（   ）
3. 个人鉴定的基本情况介绍可以采用填表格的方式写作。（   ）
4. 鉴定内容是撰写的重心。它要求本人对自己在一定时期的实际表现和优缺点，做出客观、准确、完整的评定。（   ）
5. 鉴定内容中针对工作中的不足，重点写清整改方向。（   ）
6. 个人鉴定可以不按照规定格式书写，可以标新立异。（   ）
7. 撰写鉴定内容，要注意讲究层次顺序，不能杂乱无章。（   ）

任务评价

评价维度	评价标准	自评	互评	师评
知识掌握（30分）	掌握个人鉴定的含义和写作注意事项			
写作任务（50分）	实事求是，条例清晰，内容具体，语言得体			
表达交流（10分）	语言详略得当，表达突出重点，评定客观			
素养达成（10分）	发现自身优点和不足，进行客观的自我评价			

任务总结

通过本课的学习，我掌握了_____，很好地完成了_____，并得到了_____方面的经验。但在_____方面存在问题，产生问题的原因是_____，希望得到_____方面的帮助。

学习任务单			
学习文体	职业生涯规划书	班级姓名	
任务布置	请同学们结合自身的实际情况，构建人生发展阶梯，设计一份中期的职业生涯规划书。要求目标明确合理，分析客观到位，切实可行。		

写作训练

职业生涯规划书

前言

作为一名_____，我想有目标、有方向地规划自己的未来，让自己的人生旅途感到充实。因此，_____。

一、自我分析

_____

_____

二、环境分析

_____

三、目标确定

_____

四、计划措施

_____

五、评估与调整

_____

_____

机会总是留给有准备的人，我已备好行囊，蓄势待发。在下一个人生阶段，_____

_____

_____

（续）

知识巩固

一、填空题

1. 职业生涯规划书一般由标题、前言、_____、_____、_____、_____、评估与调整和结语八个部分组成。
2. 一个有效的职业生涯规划是在_____基础上进行的。

二、多选题

1. 职业生涯规划书的特点有（　　）。
   A. 发展性
   B. 阶段性
   C. 可行性
   D. 灵活性

2. 职业生涯规划书的写作注意事项包括（　　）。
   A. 分析客观到位
   B. 目标明确合理
   C. 措施具体可行
   D. 彰显个性和创新

任务评价

评价维度	评价标准	自评	互评	师评
知识掌握（30分）	了解职业生涯规划书的含义，掌握其格式写法			
写作任务（50分）	独立写作，目标明确，内容具体，分析到位			
表达交流（10分）	能够清晰表达个人观点，语言较严谨，有逻辑			
素养达成（10分）	全面地认识自己，树立正确的职业价值观			

任务总结

通过本课的学习，我掌握了_____，很好地完成了_____，并得到了_____方面的经验。但在_____方面存在问题，产生问题的原因是_____，希望得到_____方面的帮助。

学习任务单		
学习文体	实习报告	班级姓名
任务布置	请结合自己参加过的专业实习经历，根据自己的所做、所得写一份实习报告。要求框架完整，要素齐全，语言简练。	

写作训练

实习报告

我是＿＿＿学校＿＿＿级＿＿＿班的学生，根据学校的安排，于＿＿＿年＿＿月＿＿日至＿＿＿年＿＿月＿＿日参加了＿＿＿＿实习，此次实习的主要目的是＿＿＿＿＿＿。现将此次实习活动的有关情况报告如下：

一、实习内容过程

_____

_____

_____

_____

_____

二、实习感悟

_____

_____

_____

_____

_____

三、实习总结

_____

_____

_____

_____

（续）

知识巩固

一、填空题

1. 实习报告是指各种人员实习期间需要撰写的对_____的_____进行总结的报告类文书。它是应用写作的重要文体之一。实习报告既是对实习者实习过程的_____，又是对_____与_____的一次全面检验。
2. 实习报告的主体部分有_____、_____、_____。
3. _____是实习报告的重要内容，需要详细介绍。

二、多选题

1. 实习报告的特点有（　　）。
   A. 专业性
   B. 总结性
   C. 概括性
   D. 自我性
2. 实习报告的注意事项有（　　）。
   A. 涵盖实习的目的及意义、实习单位及岗位
   B. 涵盖实习内容和过程
   C. 内容详略得当
   D. 详细介绍实习内容与过程

任务评价

评价维度	评价标准	自评	互评	师评
知识掌握（30分）	掌握实习报告的格式写法			
写作任务（50分）	独立写作，要素齐全，详略得当，语言简练			
表达交流（10分）	掌握基本的表达技巧，能客观陈述和交流			
素养达成（10分）	培养独立思考、严谨认真的工作态度			

任务总结

　　通过本课的学习，我掌握了_____，很好地完成了_____，并得到了_____方面的经验。但在_____方面存在问题，产生问题的原因是_____，希望得到_____方面的帮助。

情境一　职业发展

学习任务单

学习文体	计　划	班级姓名	
任务布置	请制订一份岗位实习期的工作计划。要求从实际出发，目标、步骤、措施齐全，便于落实，格式正确。		

写作训练

岗位实习工作计划

根据学校教学大纲要求，我将于第六学期到学校推荐的实习单位参加岗位实习。为了_____，现制订计划如下：

一、目标确定

_____

_____

_____

_____

二、实施步骤

_____

_____

_____

_____

三、具体措施

_____

_____

_____

_____

　　　　　　　　　　　　　　　　　　　　_____

　　　　　　　　　　　　　　　　　　　　_____

知识巩固

一、计划标题改错

1. ×××公司计划　　　　　　　　应改为：_____
2. 城市绿化的2018年工作计划　　应改为：_____
3. 2021年××学校招生计划工作　应改为：_____
4. 2020年春季全民义务计划　　　应改为：_____

二、单选题

1. 计划的正文包括前言、主体和结尾，其中主体要写明计划三要素，下列哪项不属于计划的三要素（　　）。

   A. 目标　　　　B. 步骤　　　　C. 措施　　　　D. 背景

2. 根据计划涉及的内容，可以把计划分为（　　）。

   A. 长期计划、中期计划和短期计划

   B. 指令性计划和指导性计划

   C. 综合计划和专题计划

   D. 条文式计划和表格式计划

3. 计划以人们对客观事实的认识为基础，通过人的思想加工而制订的，它是实践的反应，反过来又指导着人们的实践活动。这句话体现了计划的（　　）性。

   A. 可行　　　　B. 约束　　　　C. 指导　　　　D. 预见

任务评价

评价维度	评价标准	自评	互评	师评
知识掌握（30分）	了解计划的特点，掌握计划的格式写法			
写作任务（50分）	格式正确，计划具体可行，语言简要明确			
表达交流（10分）	能阐发自己的观点，逻辑较清晰			
素养达成（10分）	培养工作的计划性，提高自制力和执行力			

任务总结

通过本课的学习，我掌握了_____，很好地完成了_____，并得到了_____方面的经验。但在_____方面存在问题，产生问题的原因是_____，希望得到_____方面的帮助。

学习任务单

学习文体	总　结	班级姓名	
任务布置	请结合自己的实习经历写一篇实习总结。要求实事求是，条理清晰，对今后的学习、工作有指导意义。		

写作训练

实习总结

　　我是＿＿＿级＿＿＿班的学生，根据学校的教学安排，进行了为期＿＿＿＿的＿＿＿＿实习。此次实习的目的是＿＿＿＿＿＿＿＿＿＿＿＿，现将实习情况总结如下：

一、实习情况介绍

_____

_____

_____

二、实习成绩和经验

_____

_____

_____

三、不足和教训

_____

_____

_____

四、今后努力的方向和设想

_____

_____

_____

_____
_____

(续)

知识巩固

一、填空题

1. 总结在结构上一般包括_____、_____和_____。

2. 总结的主体部分包括_____、_____、不足与教训，以及今后努力的方向。

二、选择题

1. 请指出下列总结标题分别属于哪种形式的标题。

   （1）××县政府办公室2020年信息工作总结（　　）。

   （2）加强医德修养　倡导医疗新风

   ——×××医院2020年精神文明建设工作总结（　　）。

   （3）教学工作要以学生为本（　　）。

   A. 公文式标题　　　　　　B. 文章式标题

   C. 双标题（正副标题）　　D. 其他

2. 总结的内容、材料不能随意扩大或缩小，更不能虚构一些没有做过的事情，都应当是客观存在的实际情况，这体现了总结的（　　）。

   A. 理论性　　　　　　　　B. 指导性

   C. 客观性　　　　　　　　D. 总结性

3. （多选）从总结的对象上划分，总结可以分为（　　）。

   A. 学习总结　　　B. 工作总结　　　C. 会议总结

   D. 生产总结　　　E. 思想总结

任务评价

评价维度	评价标准	自评	互评	师评
知识掌握（30分）	了解总结的特点，掌握总结的格式写法			
写作任务（50分）	格式准确，实事求是，条理清晰，重点突出			
表达交流（10分）	能清晰、准确表述看法，有独到的见解			
素养达成（10分）	培养自省意识，在总结中不断提升自我			

任务总结

通过本课的学习，我掌握了_____，很好地完成了_____，并得到了_____方面的经验。但在_____方面存在问题，产生问题的原因是_____，希望得到_____方面的帮助。

学习任务单			
学习文体	述职报告	班级姓名	
任务布置	请结合自己曾经担任的岗位工作，写一篇述职报告。要求反映工作的真实情况，重点突出，语言简洁得体。		

写作训练

述职报告

_____：

　　大家好！本学期我担任_____，在老师的指导和同学们的支持下，我顺利地完成本职工作，并取得了_____。我将从以下_____方面进行述职：

一、履职情况介绍

_____

_____

_____

_____

二、成绩与不足

_____

_____

_____

_____

三、今后工作目标

_____

_____

_____

_____

　　　　　　　　　　　　　　　　　　　　_____

　　　　　　　　　　　　　　　　　　　　_____

（续）

知识巩固

一、填空题

1. ＿＿＿＿＿＿＿＿＿＿＿＿＿是各级党政机关、事业单位、企业的领导和干部职工为向本系统的组织人事部门、上一级主管领导、本单位领导及群众，陈述自己在任职期间的业绩而拟写的书面文字材料。

2. 通常述职报告的结构包括＿＿＿＿、＿＿＿＿、＿＿＿＿和落款四部分。

3. 述职报告的正文主体部分是述职报告的核心内容，主要写任职期间的岗位职责及取得的＿＿＿＿，陈述工作中的问题、不足，论述自己在履行职责期间的经验和教训。

4. 从时间上划分，述职报告分为任期述职报告、年度述职报告、＿＿＿＿。

二、判断题

1. 很多企业单位通过述职报告考察职工的工作情况，一般要存入人事档案，可见述职报告的严肃性。　　　　　　　　　　　　　　　　　　　　　　　　　　　　　（　　）

2. 述职报告的称谓写在正文前一行空两字的位置。　　　　　　　　　　　（　　）

3. 述职的内容不必实事求是、真实准确，可以适当夸大渲染。　　　　　　（　　）

4. 述职报告的引言部分交代任职的基本情况，要求详细介绍。　　　　　　（　　）

任务评价

评价维度	评价标准	自评	互评	师评
知识掌握（30分）	了解述职报告的含义和特点，掌握其格式写法			
写作任务（50分）	格式正确，要点突出，语言规范			
表达交流（10分）	能客观陈述和交流意见，表达富有逻辑性			
素养达成（10分）	端正工作态度，强化岗位责任意识			

任务总结

　　通过本课的学习，我掌握了＿＿＿＿＿＿＿＿＿＿＿＿，很好地完成了＿＿＿＿＿＿＿＿＿＿＿＿，并得到了＿＿＿＿＿＿＿＿＿＿＿＿方面的经验。但在＿＿＿＿＿＿＿＿＿＿＿＿方面存在问题，产生问题的原因是＿＿＿＿＿＿＿＿＿＿＿＿，希望得到＿＿＿＿＿＿＿＿＿＿＿＿方面的帮助。

情境二　创业投资

学习任务单

学习文体	调查报告	班级姓名	
任务布置	请从经营范围、选址或促销方式中任选一个方向，写一份关于奶茶店前景的调查报告。要求语言简明，内容全面具体，结论有针对性。		

写作训练

_____的调查报告

　　奶茶是年轻人非常喜爱的饮品。近年来，大大小小的奶茶店遍地开花，奶茶市场在不断地发展壮大。为了_____，我于_____对_____展开了一次关于_____的调查。本次调查采取_____方式收集数据，通过对数据的比较分析，来挖掘奶茶店的市场潜力。

一、基本情况

（一）_____现状

_____
_____
_____

（二）_____发展趋势

_____
_____
_____

二、分析结论

（一）机会

_____
_____
_____

（二）威胁

_____
_____
_____

三、措施建议

_____
_____

根据调研与分析，可以看出，_____
_____

（续）

知识巩固

一、选择题

1. 调查报告在格式上没有固定的要求，一般包括（　　）部分。
   A. 标题　导语　主体　落款
   B. 标题　称谓　主体　结语
   C. 标题　导语　主体　结语
   D. 标题　称谓　主体　落款

2. 调查报告结语的形式不包括（　　）。
   A. 指出问题，提出建议
   B. 总结全篇的主要观点
   C. 预测未来
   D. 启发人们思考

二、判断题

1. 从调查研究的对象和内容上划分，调查报告主要有典型经验的调查报告、揭露问题的调查报告、新生事物的调查报告等。（　　）
2. 调查报告的导语是调查报告的概括说明。（　　）
3. 调查报告的价值仅在于调查和报告。（　　）

任务评价

评价维度	评价标准	自评	互评	师评
知识掌握（30分）	了解调查报告的种类，掌握其写作格式			
写作任务（50分）	语言简明，内容具体，结论有针对性			
表达交流（10分）	重视和别人沟通，善于听取他人意见			
素养达成（10分）	树立正确的择业观，理解创业需理性			

任务总结

通过本课的学习，我掌握了＿＿＿＿＿＿＿＿＿＿＿＿，很好地完成了＿＿＿＿＿＿＿＿＿＿＿＿，并得到了＿＿＿＿＿＿＿＿＿＿＿＿方面的经验。但在＿＿＿＿＿＿＿＿＿＿＿＿方面存在问题，产生问题的原因是＿＿＿＿＿＿＿＿＿＿＿＿，希望得到＿＿＿＿＿＿＿＿＿＿＿＿方面的帮助。

学习任务单

学习文体	**买卖合同**	班级姓名	
任务布置	请帮助常小龙的奶茶店和河南××贸易有限公司拟定一份奶茶设备买卖合同。要求补充完整主要条款，责任明晰，语言简洁。		

任务实施

_____买卖合同

买方（甲方）：
卖方（乙方）：

根据《中华人民共和国民法典》规定，甲乙双方经充分协商，以诚信为原则签订本合同。

一、产品名称、数量、价款

_____

_____

二、履行期限、地点、方式

_____

_____

三、包装方式

乙方应在设备发运前对其进行满足运输、防震、防锈和防破损的包装，以保证货物安全运送到甲方指定地点。

四、设备安装、调试及验收

1. 甲方对乙方所交设备依照××××质量标准进行现场验收。
2. 安装、调试由甲方负责，性能达到××××技术要求的，现场签收，验收不合格不予签收。

五、结算方式

_____

_____

_____

_____

_____

_____

六、合同效力

本合同自双方法定代表人或其授权代表人签字并加盖单位公章之日起生效，有效期为_____。

七、违约责任

_____

_____

本合同一式___份，甲乙双方各执___份。

甲方：	乙方：
地址：	地址：
法定代表人：	法定代表人：
银行账号：	银行账号：
开户行：	开户行：
____年___月___日	____年___月___日

知识巩固

填空题

1. 买卖合同是出卖人转移_____于买受人，买受人_____的合同。
2. 买卖合同双方当事人承担的义务是_____的。
3. 买卖合同的内容主要包括_____、数量、质量、_____、履行期限、履行地点和方式、_____、检验标准和方法、_____、合同使用的文字及其效力、违约责任等条款。

任务评价

评价维度	评价标准	自评	互评	师评
知识掌握（30分）	了解买卖合同的特点和写作格式，熟悉其内容			
写作任务（50分）	条款清晰，责任明确，内容全面，语言简洁			
表达交流（10分）	善于询问与倾听，有自己的见解			
素养达成（10分）	强化法律意识，学会用法律保护自身合法权益			

任务总结

通过本课的学习，我掌握了_____，很好地完成了_____，并得到了_____方面的经验。但在_____方面存在问题，产生问题的原因是_____，希望得到_____方面的帮助。

学习任务单			
学习文体	**广告词**	班级姓名	
任务布置	请帮奶茶店设计一则印制在手提包装袋上的广告词。要求主题鲜明，文字简洁，构思新颖。		

写作训练

写作背景

_____奶茶店

经营产品：_____

产品价位：_____

产品特色：_____

受众群体：_____

包装袋样式：

××奶茶

店面地址：××市××区风和街1门

服务专线：400-×××-××××

_____

_____

_____

_____

_____

_____

_____

_____

(续)

知识巩固

一、填空题

1. 广告词是指通过各种传播媒体向公众介绍商品、文化或者服务等，达到推销推广目的的_____ _____。

2. 广告词不是广告，只是广告中的_____部分。

3. 按照广告的内容划分，有_____广告词和_____广告词两类。

4. 广告词要做到雅俗共赏，朗朗上口，可以巧用_____、_____，或借用成语、诗词等，引起关注，加深受众的印象。

5. 广告词要追求新颖，富有_____性。

二、判断题

1. 广告词没有字数限制，想写多少字都可以。（　　）
2. 广告词具有针对性的特点。（　　）
3. 为了迎合顾客的心理，广告词的内容可以适当虚构。（　　）
4. 广告词的写作不做字体、字号要求，一般由正文和落款两部分组成。（　　）
5. 商业广告词是专门用来宣传商品的。（　　）

任务评价

评价维度	评价标准	自评	互评	师评
知识掌握（30分）	了解广告词的特点，掌握其写作技巧			
写作任务（50分）	主题鲜明，文字简洁，构思新颖，打动人心			
表达交流（10分）	在交流中有所感悟，尝试创造性地表达			
素养达成（10分）	树立正确的创业观，为良好的市场经济做贡献			

任务总结

　　通过本课的学习，我掌握了_____，很好地完成了_____，并得到了_____方面的经验。但在_____方面存在问题，产生问题的原因是_____，希望得到_____方面的帮助。

情境一　租赁委托

学习任务单		
学习文体	凭证性条据	班级姓名
任务布置	假设你要向家人借一笔 5500 元的租房费用，请写一张借条。要求按照凭证性条据的写作要求规范书写，表述准确。	

写作训练

写作背景

借款对象：_____

借用资金原因：_____

借用资金数额：_____

归还日期：_____

借条

今借到_____

_____

_____

_____

_____

_____

_____

_____

_____

此据。

借款人：_____

____年___月___日

(续)

知识巩固

一、判断题

1. 条据虽小，也属于应用文。（   ）
2. 打印的凭证性条据不具备法律效力。（   ）
3. 他人跟你借钱的时候可以写借条，也可以写欠条。（   ）
4. 如果替人代收钱物，收条正文的开头应写"代收到"。（   ）
5. 凭证性条据在书写过程中如有涂改，必须在更正处签字按印。（   ）

二、请找出下面一则借条的错误，并改正。

借条

本人向张三借款 10000 元，现还欠款 1000 元，于 2021 年 12 月 1 日前还清。此据。

借款人：李四
8 月 1 日

任务评价

评价维度	评价标准	自评	互评	师评
知识掌握（30分）	掌握凭证性条据的种类和格式写法			
写作任务（50分）	书写规范，表述准确，简明扼要			
表达交流（10分）	能积极有效地交流，在交流中领会要点			
素养达成（10分）	诚实守信，遵纪守法，有自我保护的意识			

任务总结

通过本课的学习，我掌握了_____，很好地完成了_____，并得到了_____方面的经验。但在_____方面存在问题，产生问题的原因是_____，希望得到_____方面的帮助。

学习任务单

学习文体	租赁合同	班级姓名	
任务布置	请假定租房情境，草拟一份房屋租赁合同。要求补充完整主要条款，甲乙双方权利义务具体详细，格式正确。		

写作训练

房屋租赁合同

甲方（出租方）：
乙方（承租方）：

甲、乙双方为明确_____，根据《中华人民共和国民法典》及有关规定，经_____，达成如下协议，共同遵守。

第一条　房屋基本情况

甲方将位于_____商品房一套出租给乙方使用，水、电、暖设施齐全，甲方将防盗门安装完好，地砖铺好。

第二条　租金费用

_____，另外，水、电、采暖费用及卫生费按照实际使用情况产生的费用每月1日收缴。

第三条　租赁期限

_____

第四条　甲方的权利和义务

1. 甲方负责对房屋安全定期检查，承担除乙方应负责的房屋维修费以外的其他维修费用。
2. 租赁期内，甲方如提前解除合同，应_____。
3. 租赁期届满须收回房屋，甲方应_____。

第五条　乙方的权利和义务

_____

第六条　合同有效期

本合同有效期限自_____年_____月_____日起至_____年_____月_____日止，甲乙双方不得擅自修改或解除合同。

第七条　其他

本合同一式_____份，甲乙双方各执_____份，均具有同等法律效力。合同中未尽事宜，须双方协商再作出补充规定。

甲　　方：　　　　　　　　　　　　　乙　　方：
地　　址：　　　　　　　　　　　　　地　　址：
电　　话：　　　　　　　　　　　　　电　　话：
　　　　　　　年　月　日　　　　　　　　　　　　　　年　月　日

(续)

知识巩固

一、判断题

1. 租赁合同的租赁期限不得超过20年，超过20年的，租赁合同无效。（　　）
2. 租赁合同是双方当事人意思表达一致时成立，不以交付租赁物为必要。（　　）
3. 承租人因保管不善造成租赁物损毁的，应当承担赔偿责任。（　　）
4. 如果租赁物有品质瑕疵，承租人不能正常使用，出租人有义务修缮。（　　）
5. 在定期租赁合同的租赁期内，双方当事人均可以随时终止合同。（　　）

二、选择题

1. 租赁合同属于（　　）合同。
   A. 非永久性　　　　　　　　B. 有偿双务
   C. 诺成　　　　　　　　　　D. 不要式

2. 租赁合同中承租人需承担（　　）。
   A. 支付租金的义务　　　　　B. 按照合同约定的方法使用租赁物的义务
   C. 妥善保管租赁物的义务　　D. 租赁物返还义务

3. 周某将自己的一套房屋出租给刘某，并签订了房屋租赁合同，下列做法不正确的有（　　）。
   A. 租赁合同中可约定租赁期限为25年
   B. 如果租赁期限仅为1年，该租赁合同可以不采取书面形式
   C. 租赁合同中如果对于租赁期限没有约定，就视为不定期租赁
   D. 出租人周某可以随时解除合同

任务评价

评价维度	评价标准	自评	互评	师评
知识掌握（30分）	了解租赁合同的特点和写作格式，熟悉主要条款			
写作任务（50分）	符合相关法规，内容具体详细，条理明晰			
表达交流（10分）	善于表达个人观点，言之有物			
素养达成（10分）	言行一致，诚实守信，恪守道德规范			

任务总结

通过本课的学习，我掌握了_____，很好地完成了_____，并得到了_____方面的经验。但在_____方面存在问题，产生问题的原因是_____，希望得到_____方面的帮助。

学习任务单			
学习文体	授权委托书	班级姓名	
任务布置	请起草一份委托好友帮忙卖房的授权委托书。要求委托事项明确具体，语言组织严密，格式正确。		

写作训练

写作背景

委托人赋予受托人的权力范围：_____

授权委托书

委托人：_____

受托人：_____

委托人_____自愿_____

_____

_____

_____

_____

_____

_____

_____

_____

_____

_____

_____

_____

(续)

知识巩固

一、判断题

1. 委托他人代为诉讼时，必须及时向人民法院提交有委托人签名盖章的授权委托书。（ ）
2. 经当事人同意，婚姻登记行为也可以授权委托代理。（ ）
3. 委托人对受委托人在其授权范围内的行为承担一切法律后果。（ ）
4. 委托的权限范围是代理人实施代理行为的有效依据，必须明确。（ ）
5. 授权委托书要合法化，只要确保委托书的真实性和合法性即可，也可以不办理公证。（ ）
6. 授权委托书具有法律效力，授权委托事项必须明确具体，不可草率从事，模棱两可。（ ）

二、多选题

1. 授权委托书的特点有（   ）。

    A. 证明性

    B. 法律性

    C. 代理性

    D. 一致性

2. 授权委托书写作注意事项有（   ）。

    A. 委托事项明确具体

    B. 委托人签名盖章

    C. 办理公证

    D. 语言准确严密

任务评价

评价维度	评价标准	自评	互评	师评
知识掌握（30分）	了解授权委托书的含义，掌握其格式写法			
写作任务（50分）	事项明确，语言准确、严密，格式正确			
表达交流（10分）	表达有条理，交流有自信，思维活跃			
素养达成（10分）	弘扬讲仁爱、守诚信、崇正义的时代价值			

任务总结

通过本课的学习，我掌握了＿＿＿＿＿＿＿＿＿＿＿，很好地完成了＿＿＿＿＿＿＿＿＿＿＿，并得到了＿＿＿＿＿＿＿＿＿＿方面的经验。但在＿＿＿＿＿＿＿＿＿＿方面存在问题，产生问题的原因是＿＿＿＿＿＿＿＿＿＿，希望得到＿＿＿＿＿＿＿＿＿＿方面的帮助。

情境二　寻人寻物

学习任务单	
学习文体	**启事**　　班级姓名
任务布置	请根据拟定的具体情境，写一则寻物启事。要求格式正确，内容详尽，行文恳切。

写作训练

寻物启事

　　本人不慎于 _____

_____

_____

_____

_____

_____

_____

_____

_____

_____

_____

_____

　　　　　　　　　　　　　　　　　　　　　_____

　　　　　　　　　　　　　　　　　　____年____月____日

知识巩固

一、单选题

1. 下面不属于启事特点的是（　　）。
   A. 公开性　　　　B. 简明性　　　　C. 强制性　　　　D. 知照性
2. 开业启事属于（　　）。
   A. 声明类启事　　B. 周知类启事　　C. 寻领类启事　　D. 征召类启事
3. 招领启事属于（　　）。
   A. 声明类启事　　B. 周知类启事　　C. 寻领类启事　　D. 征召类启事
4. 招聘启事属于（　　）。
   A. 声明类启事　　B. 周知类启事　　C. 寻领类启事　　D. 征召类启事

二、请找出下面一则招领启事在格式和内容上的错误，并改正。

招领启事

　　今天早上八点，我在操场西墙边捡到女式红色皮夹一个，内有现金 100 元和饭票 10 张，有丢失者请前来认领。

联系人：21 机电 3 班王小涛

2021 年 9 月 10 日

任务评价

评价维度	评价标准	自评	互评	师评
知识掌握（30分）	了解启事的含义、种类，掌握其格式写法			
写作任务（50分）	格式正确，内容详尽，表述明确			
表达交流（10分）	乐于沟通交流，善于表达个人观点			
素养达成（10分）	领会雷锋精神内涵，乐于助人，奉献社会			

任务总结

　　通过本课的学习，我掌握了＿＿＿＿＿＿＿＿＿＿，很好地完成了＿＿＿＿＿＿＿＿＿＿，并得到了＿＿＿＿＿＿＿＿＿＿方面的经验。但在＿＿＿＿＿＿＿＿＿＿方面存在问题，产生问题的原因是＿＿＿＿＿＿＿＿＿＿，希望得到＿＿＿＿＿＿＿＿＿＿方面的帮助。

学习任务单

学习文体	感谢信	班级姓名	
任务布置	请结合拟定的具体事件，给助人为乐的好心人写一封感谢信。要求叙事精练，感情真挚，格式规范。		

写作训练

感谢信

_____：

　　首先，向你致以最衷心的感谢！_____年___月___日，在_____，我_____，焦急万分之时，_____

_____

_____

_____

　　这次经历，让我感受到"雷锋"就在我的身边，_____

_____

_____

_____

　　最后，再次感谢你，_____

_____

_____

_____

　　祝_____

_____

_____

知识巩固

一、填空题

1. 感谢信不仅有感谢的意思，还有_____的意思。
2. 感谢信的内容要真实，既指_____要真实，又指_____要真实。

二、多选题

1. 感谢信的结构包括（　　）。
   A. 标题　　　　B. 称谓　　　　C. 正文　　　　D. 落款
2. 感谢信的特点有（　　）。
   A. 真实性　　　B. 真挚性　　　C. 感召性　　　D. 宣传性
3. 感谢信的正文要写出（　　）。
   A. 感谢理由　　B. 对方事迹　　C. 事件意义　　D. 祝福语

三、请简要回答感谢信与表扬信的区别。

_____
_____
_____
_____
_____

任务评价

评价维度	评价标准	自评	互评	师评
知识掌握（30分）	掌握感谢信的格式写法			
写作任务（50分）	叙事精练，语言简练、得体，感情真挚			
表达交流（10分）	能在交流中领会要点，主动发表个人见解			
素养达成（10分）	怀感恩、奉献之心，争做新时代的雷锋			

任务总结

通过本课的学习，我掌握了_____，很好地完成了_____，并得到了_____方面的经验。但在_____方面存在问题，产生问题的原因是_____，希望得到_____方面的帮助。

学习任务单			
学习文体	声 明	班级姓名	
任务布置	请根据拟定的特殊情况，写一份声明。要求格式规范，事项交代清楚，态度明确，语言得体。		

写作训练

_____声明

　　本人_____，_____，郑重声明_____，
_____
_____。

　　请_____，否则_____
_____。

_____
_____

（续）

知识巩固

一、请指出下面一则声明在格式上和内容上的错误，并改正。

声明

　　我因为自己的原因，弄丢了单位的公章，告知全体同事，在新公章未做成之前，暂不能办理各种盖章事宜。

　　特此声明

人事部：刘干事

二、张洋不慎遗失了自己的毕业证，请以张洋的名义写一份遗失声明。

任务评价

评价维度	评价标准	自评	互评	师评
知识掌握（30分）	掌握声明的含义和格式写法			
写作任务（50分）	格式规范，事项清楚，语言得体			
表达交流（10分）	积极主动交流，有独到的见解，用语规范			
素养达成（10分）	弘扬雷锋精神，引领道德风尚			

任务总结

　　通过本课的学习，我掌握了＿＿＿＿＿＿＿＿＿＿，很好地完成了＿＿＿＿＿＿＿＿＿＿，并得到了＿＿＿＿＿＿＿＿＿＿方面的经验。但在＿＿＿＿＿＿＿＿＿＿方面存在问题，产生问题的原因是＿＿＿＿＿＿＿＿＿＿，希望得到＿＿＿＿＿＿＿＿＿＿方面的帮助。

情境一　情况汇报

学习任务单			
学习文体	报　告	班级姓名	
任务布置	请以无人机社团社长的名义，向校团委写一则社团建设情况的报告。要求内容重点突出，条理清晰，语言规范，格式正确。		

写作训练

_____

　　自校无人机社团成立以来，在校团委的指导下，_____
_____
_____

现将_____：

一、社团活动情况
_____
_____
_____
_____

二、成绩与经验
_____
_____
_____
_____

三、现存问题
_____
_____
_____
_____

　　以上报告请审阅。

_____
_____

(续)

知识巩固

一、填空题

1. 报告是向上级机关汇报工作、_____、_____，答复上级机关的询问时所使用的公文文种。
2. 报告中不得夹带_____事项。
3. 报告的特点包括行文的_____、表达的_____。

二、单选题

1. 下面报告的标题拟写正确的是（　　）。
   A.《关于申请修建宿舍楼的报告》
   B.《关于发生重大火灾事故的报告》
   C.《关于加强外事工作的报告》
   D.《关于扩建油库的请示报告》

2. 报告的种类中不包括（　　）。
   A. 工作报告　　　　B. 情况报告
   C. 调查报告　　　　D. 答复报告

3. 以下关于报告的说法正确的是（　　）。
   A. 某领导《关于国际形势的报告》属于公文中的报告
   B. 报告的结束语中有"请指示"字样，则上级领导应给予批复
   C. 报告的正文应以陈述为主，不能有过多的细节描写
   D. 报告的标题可只用"报告"二字

任务评价

评价维度	评价标准	自评	互评	师评
知识掌握（30分）	了解报告的特点，掌握其写作格式			
写作任务（50分）	重点突出，条理清晰，语言规范，格式正确			
表达交流（10分）	自信交流，能提出创造性的见解			
素养达成（10分）	爱岗敬业，立足本职，勇于担当			

任务总结

通过本课的学习，我掌握了_____，很好地完成了_____，并得到了_____方面的经验。但在_____方面存在问题，产生问题的原因是_____，希望得到_____方面的帮助。

学习任务单		
学习文体	请 示	班级姓名
任务布置	请帮助无人机社团的社长向上级部门拟写一份设备维修请示。要求事项清楚，措辞得体，语言规范，格式正确。	

写作训练

_____

××〔2021〕12号

因_____原因，根据学校《社团活动管理细则》，_____：

_____

_____

_____

_____

_____

_____

_____

_____

_____

_____

_____

_____

以上请示妥否，请批示。

_____

_____

（续）

知识巩固

一、判断题

1. 各行政机关一般不得越级请示，特殊情况必须越级请示的，可不必将文件抄送被越过的上级机关。（　　）

2. 将请示多头主送有利于问题的解决。（　　）

3. 一个请示只能写一个问题或事项。（　　）

二、请找出下面一则请示在格式上和内容上的错误，并改正。

关于推荐王鹏等五位同志参加考察活动的请示报告

×财发〔2021〕05号

省外办：

　　根据你办《关于组织××省第九届对外交流考察活动的通知》精神，经我局研究决定，同意推荐王鹏等2位同志参加本次考察活动，名单附后：

　　×× 行　李明　高级会计师

　　×× 所　王鹏　所长

　　当否，请批示。

×× 市财政局
2021年9月10日

任务评价

评价维度	评价标准	自评	互评	师评
知识掌握（30分）	了解请示的特点，掌握请示的格式写法			
写作任务（50分）	事项清楚，语言规范，格式正确			
表达交流（10分）	掌握沟通的技巧，能提出创造性的见解			
素养达成（10分）	培养解决问题的能力和严谨务实的职业素养			

任务总结

　　通过本课的学习，我掌握了_____，很好地完成了_____，并得到了_____方面的经验。但在_____方面存在问题，产生问题的原因是_____，希望得到_____方面的帮助。

学习任务单

学习文体	**批 复**	班级姓名	
任务布置	请根据无人机社团的维修请示，以校团委名义做出批复。要求态度明确，语言规范、严谨，格式正确。		

写作训练

_____

你社团《关于维修无人机设备的请示》×校〔2021〕12号收悉。_____：

(续)

知识巩固

一、单选题

1. 下列文种属于下行文的是（　　　）。

　　A. 公告　　　　　　B. 报告　　　　　　C. 请示　　　　　　D. 批复

2. 用于答复下级机关的文种有（　　　）。

　　A. 通知　　　　　　B. 批复　　　　　　C. 请示　　　　　　D. 报告

二、指出下面一篇批复在格式上和内容上的错误，并改正。

关于你校设立教研中心的请示

×××学校：

校发〔2021〕10号《关于设立教研中心的请示》以及××发〔2021〕16号文收悉，经研究讨论，兹批复如下：

（一）不同意在你校设立教研中心，其理由恕不详述。

（二）目前可在你校先行设立教研室。

专此函复。

××市教育局
2021年5月

任务评价

评价维度	评价标准	自评	互评	师评
知识掌握（30分）	了解批复的特点及格式写法			
写作任务（50分）	态度明确，语言规范、严谨，格式正确			
表达交流（10分）	思维缜密，善于沟通，表达能力强			
素养达成（10分）	培养规范、严谨的职业意识			

任务总结

通过本课的学习，我掌握了_____，很好地完成了_____，并得到了_____方面的经验。但在_____方面存在问题，产生问题的原因是_____，希望得到_____方面的帮助。

情境二 事务周知

学习任务单			
学习文体	决 定	班级姓名	
任务布置	请以市政府名义，为"五一劳动奖章"获得者拟写一份表彰决定。要求事项具体，语言规范、严谨，格式准确。		

写作训练

_____

　　为_____，经_____，决定_____
_____
_____
_____
_____
_____
_____

　　希望_____
_____
_____

　　　　　　　　　　　　　　　　　　　　　　_____
　　　　　　　　　　　　　　　　　　　　　　_____

(续)

知识巩固

一、填空题

1. 决定是党政机关、社会组织、企事业单位对_____或_____做出决定或安排时向所辖范围制发的_____公文。
2. 奖惩性决定是对有_____的先进集体、个人进行表彰奖励，或对_____及其他有_____的人做出惩戒处理的决定。
3. 撰写决定时，无论篇幅长短都要做到_____、_____、_____，保证结构的完整性。

二、多选题

1. 决定的特点有（　　）。
   A. 教育性　　　　B. 权威性
   C. 指挥性　　　　D. 决断性
2. 决定的写作格式一般由（　　）构成。
   A. 标题　　　　　B. 题注
   C. 正文　　　　　D. 落款
3. 下面关于决定的写作，表述正确的有（　　）。
   A. 只有关键、重大的工作才适宜使用决定行文
   B. 决定一经下发，受文单位包括个人必须遵守执行，不得违背
   C. 决定的发文机关有权对各种事项、问题、行动做出决策和安排
   D. 决定属于下行文

任务评价

评价维度	评价标准	自评	互评	师评
知识掌握（30分）	了解决定的含义、特点和写作格式			
写作任务（50分）	事项具体，语言规范严谨，格式准确			
表达交流（10分）	表达清楚明晰，语言组织有序			
素养达成（10分）	培养积极进取的工作态度和严谨的工作作风			

任务总结

通过本课的学习，我掌握了_____，很好地完成了_____，并得到了_____方面的经验。但在_____方面存在问题，产生问题的原因是_____，希望得到_____方面的帮助。

学习任务单

学习文体	通报	班级姓名	
任务布置	请以公司人事部的名义,为优秀员工拟定一份表彰通报。要求态度鲜明,突出主要事迹,提炼教育意义,语言规范。		

写作训练

_____

公司全体员工:

　　公司员工_____自入职以来_____。在_____年度 6S 管理考核中,_____
_____
为_____,经_____,给予_____。
　　实施、推进 6S 管理是全面提升员工素质的关键,是打造追求卓越的企业文化的必经之路。希望公司各部门能以 6S 管理考核为契机,_____
_____
_____
_____
_____
_____
_____
_____

　　　　　　　　　　　　　　　　　　　　　　　　_____
　　　　　　　　　　　　　　　　　　　　　　　　_____

(续)

知识巩固

一、填空题

1. 通报是_____、_____、企事业单位用于表彰先进、批评错误，传达重要精神或_____的公文。
2. 表彰性通报是用来表彰先进单位和个人，介绍_____或_____，树立典型，号召大家学习的通报。
3. 通报的人和事具备一定典型性，能够反映、揭示事物的_____，具有广泛的_____和鲜明的个性。这样的通报发出后才能使人受到_____，得到教益。

二、多选题

1. 通报的写作注意事项有（　　）。
   A. 通报的事实，索引材料，都必须真实无误
   B. 通报的态度要鲜明，分析中肯，评价实事求是
   C. 通报的语言要简洁、庄重
   D. 表扬性和批评性的通报还应注意用语分寸，要力求文实相符
2. 通报的特点有（　　）。
   A. 严肃性　　　　B. 引导性
   C. 典型性　　　　D. 时效性
3. 通报正文的结尾，一般包括（　　）。
   A. 处理意见　　　B. 希望
   C. 附件　　　　　D. 要求

任务评价

评价维度	评价标准	自评	互评	师评
知识掌握（30分）	了解通报的含义、种类，掌握其写作格式			
写作任务（50分）	态度鲜明，分析中肯，语言规范，格式准确			
表达交流（10分）	能对事实进行客观、深入的分析，观点鲜明			
素养达成（10分）	培养遵守制度、严谨务实的职业素养			

任务总结

　　通过本课的学习，我掌握了_____，很好地完成了_____，并得到了_____方面的经验。但在_____方面存在问题，产生问题的原因是_____，希望得到_____方面的帮助。

学习任务单			
学习文体	**通 告**	班级姓名	
任务布置	请根据假定的岗位调动情况起草一份通告。要求结构严密，行文通俗易懂，语言规范，格式准确。		

写作训练

_____

　　_____入职_____年，完成四轮轮岗，历年的年度考核成绩均为优异，并荣获总公司特殊嘉奖。根据我公司《晋升调动管理制度》及工作需要，经总公司人事部和分管领导研究决定，作出如下岗位调动：

_____

_____

_____

_____

_____

_____

_____

_____

　　　　　　　　　　　　　　　　　　　　　　　_____

　　　　　　　　　　　　　　　　　　　　　　　_____

（续）

知识巩固

一、判断题

1. 通告是公开制发的，具有让尽可能多的人知道的目的性。（　　）
2. 通告的结语，一般不用单独设段，用"特此通告"作结。（　　）
3. 法规政策通告只具有强制性，不具有约束性。（　　）
4. 通告制发于事前，有预先发出消息的意义。（　　）
5. 通告可以用于奖惩有关单位或人员。（　　）

二、填空题

1. 通告是国家机关、社会组织、企事业单位在一定范围内向社会公众或有关单位、人员公布＿＿＿＿＿＿的知照性公文。
2. 通告的特点有＿＿＿＿、＿＿＿＿。
3. 通告按内容性质可分为＿＿＿＿和＿＿＿＿两种。
4. 通告一定要＿＿＿＿＿＿，内容应＿＿＿＿＿＿，缘由要＿＿＿＿＿＿，全文结构要严密，层次要清楚。
5. 通告的撰写必须符合＿＿＿＿＿＿，不能与党纪国法相悖。

任务评价

评价维度	评价标准	自评	互评	师评
知识掌握（30分）	了解通告的含义，掌握通告的写作格式			
写作任务（50分）	内容具体，结构严密，语言规范，格式准确			
表达交流（10分）	善于表达，能进行有效的沟通，见解独到			
素养达成（10分）	严格要求自己，服从管理，锐意进取			

任务总结

　　通过本课的学习，我掌握了＿＿＿＿＿＿＿＿＿＿，很好地完成了＿＿＿＿＿＿＿＿＿＿，并得到了＿＿＿＿＿＿＿＿＿＿方面的经验。但在＿＿＿＿＿＿＿＿＿＿方面存在问题，产生问题的原因是＿＿＿＿＿＿＿＿＿＿，希望得到＿＿＿＿＿＿＿＿＿＿方面的帮助。

职业教育课程改革成果教材

情境式应用文写作

主　编　李　冰　刘春玲
副主编　周雪梅　李海燕　张洪艳
参　编　张　微　李贺秋　张德田　赵春玺
主　审　黄　波

机械工业出版社

本教材是以立德树人、培养能力、传递文化、服务专业为目的，探索课程思政教育有效途径的情境式应用文写作教材，具有鲜明的时代气息和职业教育特色，体现应用文写作能力提升与职业发展的深度融合。

本教材设计了学习篇、活动篇、求职篇、职业篇、生活篇、公务篇6个部分，共12个情境，选取相应的36种应用文体为主要内容，每个文体通过"学习目标—写作任务—写作指导—例文评析—任务实施"5个步骤，将教学内容、教法、教案和实践融为一体，实现理论实践一体化。

本教材配有写作任务手册，用于学生任务完成过程与任务效果的综合评价，与教材中36种应用文体相对应，便于学生进行写作实践、知识巩固及总结反思。

本教材为了方便学生自学，设置了文体讲解模块，学生扫描相应二维码，可观看微课视频；为了拓展学生的阅读，设置了文体辨析模块，学生扫描相应二维码，可进行拓展阅读。

为方便教学，编者制作了教学课件、习题答案等配套教学资源，教师可以注册并登录机工教育服务网（http：//www.cmpedu.com），搜索本书后，下载本书配套的教学资源。

本书可作为中职和五年制高职学生提升应用文写作素养的教材，也可作为相关爱好者提升写作技能的读物。

图书在版编目（CIP）数据

情境式应用文写作 / 李冰，刘春玲主编． — 北京：机械工业出版社，2022.8（2024.8重印）
职业教育课程改革成果教材
ISBN 978-7-111-71449-1

Ⅰ.①情⋯　Ⅱ.①李⋯ ②刘⋯　Ⅲ.①汉语 – 应用文 – 写作 – 职业教育 – 教材　Ⅳ.① H152.3

中国版本图书馆CIP数据核字（2022）第153207号

机械工业出版社（北京市百万庄大街22号　邮政编码100037）
策划编辑：刘益汎　　　　　责任编辑：刘益汎
责任校对：王明欣　刘雅娜　　封面设计：马精明
责任印制：刘　媛
涿州市般润文化传播有限公司印刷

2024年8月第1版第2次印刷
210mm×297mm・12.75印张・406千字
标准书号：ISBN 978-7-111-71449-1
定价：39.80元

电话服务　　　　　　　　　网络服务
客服电话：010-88361066　　机　工　官　网：www.cmpbook.com
　　　　　010-88379833　　机　工　官　博：weibo.com/cmp1952
　　　　　010-68326294　　金　书　网：www.golden-book.com
封底无防伪标均为盗版　　　机工教育服务网：www.cmpedu.com

前 言

为了响应教育部《"十四五"职业教育规划教材建设实施方案》中鼓励开发活页式、工作手册式等新形态教材，以及推动教材配套资源和数字教材建设的要求，依据《中等职业学校语文课程标准（2020年版）》，我们组织编写了配有写作任务手册的新形态教材《情境式应用文写作》，开发了教材配套的微课视频资源。

本教材着眼于职业院校学生的知识、能力和素质需要，以学生的学习、生活、就业、创业、工作为主线，创建学习情境，以写作任务为驱动，衔接课堂所教和岗位所用，在提升学生的应用文写作能力、语言表达能力的同时，对学生进行思想政治教育和职业道德教育。

本书从思想性、实用性、专业性出发，围绕情境布置写作任务。在任务实施的过程中设置了写作指导、例文评析，供学生学习借鉴。教材配套的活页式写作手册包含了丰富的练笔内容，通过写作训练、知识巩固、任务评价与任务总结，使学生学习流程完整流畅。

本教材的编写坚持"以服务为宗旨、以就业为导向"，易学、易懂、易教、易练，实用性和操作性强，其特点如下。

一、学习情境的创设

（一）情境融入思政

教材编写以"立德树人"为根本任务，以社会主义核心价值观为统领，从全方位、多层次、立体化的角度深入融合思想政治教育理念，以润物细无声的方式影响学生、引导学生。在学习情境中，我们着力提升其思想性，提炼应用文写作中所蕴含的职业道德、职业素养、职业行为规范等元素，以提升思政教育效果。

（二）情境呼应时代

教材编写具有鲜明的时代特色，学习情境、学习任务、例文评析等都贴近当今时事和生活，体现应用文写作与时俱进的时代特点。情境的创设还具有典型性，结合当下的时事热点，紧密联系学生的在校学习和未来发展。在具体的情境中开展写作实践，增强了应用文写作的逻辑性和感染力，使写作更加有效而生动。

（三）情境贯穿任务

教材将应用文处理事项的背景、事件要素、程序环节等融入情境中。在具体的情境中布置写作任务，开展写作实践。学生对行文事项的前因后果、逻辑关系有了清晰明了的把握，行文过程也就会更加顺畅。写作任务在情境中关联，又相对独立，在教材的使用过程中，可以结合实际需要进行选择和实施。

二、写作任务手册的使用

按照"以学生为中心，学习成果为导向，促进自主学习"的思路，我们编写了与主教材配套的写作任务手册，突出写作训练、知识巩固、任务评价与任务总结。写作训练以补写的形式进行，将写作任务的实施简单化，帮助学生理解应用文体写作的结构，也便于教师对学生进行全面的考核与评价，是一次教材新形态的探索。

三、数字资源的配备

为了使教材更好地应用于教学，我们制作了教学课件和微课等数字教学资源。针对易混淆的文体，编写了详细的文体辨析；为了方便学生的自学，制作了文体讲解的微课，文体辨析与文体讲解的教学资源以二维码的形式呈现在教材中。

四、教学平台的搭载

为满足线上线下混合式教学的需要，本教材配套的教学课件、教学视频、习题答案将上线超星学习通、天工讲堂等教学平台，适用多场景教学，实现教材与平台内容的同步更新。

五、教学学时的建议

本教材建议安排一学期的教学任务。由于文体写作难度不一，学生基础情况千差万别，教师在实际教学中可根据学生的实际情况因材施教，选择合适的文体进行灵活的教学。简单易学的文体建议 1 学时完成，需要练习积累的文体建议 2 学时完成。

本教材由李冰、刘春玲担任主编，周雪梅、李海燕、张洪艳担任副主编，张微、李贺秋、张德田、赵春玺参编。学习篇由周雪梅编写，活动篇由李冰编写，求职篇由刘春玲编写，职业篇由李海燕、张洪艳、李冰编写，生活篇由李贺秋、赵春玺、刘春玲编写，公务篇由张微、张德田、李冰编写。沈阳市装备制造工程学校教学副校长黄波教授担任教材主审，对教材的编写提出了许多宝贵的建议。

在教材编写过程中，我们参考了许多相关教材和资料，谨此说明，并向各位专家、学者、作者表示衷心的谢意。由于编写水平有限，教材难免有疏漏之处，敬请大家提出宝贵意见。

编　者

文体讲解

序号	微课视频	二维码	页码	序号	微课视频	二维码	页码
1	倡议书的写作格式		002	11	计划与总结的区别		064
2	演讲稿的写作注意事项		007	12	广告词的写作技巧		078
3	一般书信的写作格式		014	13	借条与欠条的区别		082
4	通知的写作格式		020	14	授权委托书的写作格式		088
5	入团申请书的写作格式		027	15	寻物启事的写作格式		091
6	消息的倒金字塔结构		037	16	感谢信的写作格式		095
7	求职信的写作格式		042	17	请示与报告的区别		104
8	就业协议书与劳动合同的区别		048	18	通报正文的写法		113
9	职业生涯规划书自我分析的写法		053	19	通告与通报的区别		116
10	计划标题的写法		061				

文体辨析

序号	阅读文档	二维码	页码	序号	阅读文档	二维码	页码
1	会议记录与会议纪要		025	7	述职报告与工作总结		069
2	邀请函与请柬		031	8	借条与欠条		083
3	消息与通讯		039	9	工作报告与工作总结		102
4	就业协议书与劳动合同		049	10	请示与报告		106
5	计划与规划		062	11	决定与通报		112
6	总结与计划		066	12	通告与通报		117

目 录

前言
文体讲解
文体辨析

01 学习篇

情境一　读书励志 // 001
文体一　倡议书 // 001
文体二　读书笔记 // 004
文体三　演讲稿 // 007

情境二　学业日常 // 010
文体一　提纲 // 011
文体二　书信 // 013
文体三　读（观）后感 // 016

02 活动篇

情境一　会议组织 // 019
文体一　通知 // 019
文体二　会议记录 // 023
文体三　申请书 // 026

情境二　介绍展示 // 029
文体一　邀请函 // 030
文体二　解说词 // 033
文体三　消息 // 036

03 求职篇

情境一　应聘面试 // 041
文体一　求职信 // 041
文体二　简历 // 044
文体三　就业协议书 // 047

情境二　岗位实习 // 050
文体一　个人鉴定 // 051
文体二　职业生涯规划书 // 053
文体三　实习报告 // 057

04 职业篇

情境一　职业发展 // 060
文体一　计划 // 060
文体二　总结 // 064
文体三　述职报告 // 067

情境二　创业投资 // 070
文体一　调查报告 // 071
文体二　买卖合同 // 075
文体三　广告词 // 078

05 生活篇

情境一　租赁委托 // 081
文体一　凭证性条据 // 081
文体二　租赁合同 // 084
文体三　授权委托书 // 088

情境二　寻人寻物 // 090
文体一　启事 // 091
文体二　感谢信 // 094
文体三　声明 // 097

06 公务篇

情境一　情况汇报 // 100
文体一　报告 // 100
文体二　请示 // 104
文体三　批复 // 107

情境二　事务周知 // 110
文体一　决定 // 110
文体二　通报 // 113
文体三　通告 // 116

参考文献 // 119

01 学习篇

应用文的学习融传授知识、培养能力、提高素质为一体，与同学们综合素养的提升有紧密的内在联系。在学习生活中，通过应用文写作训练，可以从知、情、意、行各方面端正学习态度，养成良好习惯，在学习中找到乐趣，获得成长，为职业发展助力。

本篇将应用文写作与校园学习生活融合，设置两个情境，学习六种应用文体。在校园读书月中，我们倡议大家走进书屋多读书；读到精彩内容时写"读书笔记"，以便日后查阅；读书的最高境界就是有所思、有所感，将读书的感悟写成"演讲稿"，抒发出来。在校园感恩月中，我们学习"提纲""书信""读（观）后感"，通过写作表达感恩之心。在读书中成长，在学习中进步。

情境一　读书励志

学习情境

1995年，联合国教科文组织宣布4月23日为"世界读书日"，以推动更多的人阅读和写作。自此以后，每到读书日，世界各国都会举办各种庆祝活动和图书宣传活动。

"腹有诗书气自华"，读书是我们获取知识、丰富精神世界的重要方式，也是我们学习生活不可或缺的部分。各个学校都会组织"校园读书月"系列活动，营造积极向上，健康和谐的文化氛围，号召同学们多读书，读好书，多写读书笔记，养成良好的阅读习惯，让书香洒满校园。

文体一　倡议书

学习目标

掌握倡议书的写作格式。

能够规范正确地写作倡议书。

培养良好的阅读习惯，在阅读中积累知识，丰富生活经验。

写作任务

在学校的"校园读书月"，学校团委向同学们推荐了经典阅读书目，号召同学们多读书，读好书，在阅读中感受知识的力量。在融媒体时代，多元的阅读方式可以丰富生活和阅历，让经典文学作品的艺术之光照亮我们的生活。

请以校团委的名义拟写一则读书月倡议书。

写作指导

一、倡议书概述

（一）倡议书的含义

倡议书是个人或集体为开展某项活动、推进某项工作，向社会或有关方面公开发出倡导的一种专用书信。倡议书重在建议、号召，不具有强制性。

（二）倡议书的特点

1. 群众性

倡议书不是对某个人或某一小集体而发的，被倡议者可以是部门的所有同事，可以是一个地区的广大群众，甚至是全国人民。所以，其对象十分广泛。

2. 不确定性

虽然倡议书中已写明被倡议的对象，但因范围较广，实际上，有关人员可以表示响应，也可以不表示响应，倡议书只是提出倡议，不具有约束力。

3. 公开性

倡议书是一种广而告之的书信，目的是让更多的人知道并响应，即在最大的范围内得到反馈。

（三）倡议书的种类

从倡议的内容上看，倡议书可分为：具体事件的倡议书和思想意识的倡议书。

1. 具体事件的倡议书

这是针对某一具体的事件发出的倡议，以引导、号召大家的响应，如《垃圾分类倡议书》。

2. 思想意识的倡议书

这是针对某种思想意识、精神状态发出的倡议，期待引起思想上的共鸣，进而引领行动，如《发扬新时代雷锋精神的倡议书》。

二、倡议书的格式写法

（一）倡议书的写作格式

倡议书一般由标题、称谓、正文、落款四部分组成。

1. 标题

倡议书可以直接用文种名称作为标题，多用二号黑体或小标宋体字写在首行正中位置；也可以由倡议内容和文种名称组成标题，如《争做文明网民倡议书》。

2. 称谓

倡议书的称谓即被倡议的对象，如"广大市民朋友们""全校同学们"等，多用三号仿宋或宋体字写在标题下方空一行顶格位置，后接全角冒号。有的倡议书不用称谓，而在正文中指出被倡议的对象。

3. 正文

倡议书的正文内容多用三号仿宋或宋体字排在称谓下一行，每个自然段左空两字。主要包括以下内容：

（1）**阐明倡议事由**　这是倡议书的开头部分，要开宗明义，交代背景、原因、目的等。倡议书的发出旨在引起广泛的关注和响应，只有交代清楚倡议事由，人们才会理解和信服，才会自觉地行动起来。

（2）**写明倡议事项**　这是倡议书的重点部分，要提出倡议的具体内容和要求，包括开展怎样的活动、安排哪些事情、具体要求是什么、有哪些价值和意义等，都要写清楚。为了清晰明确，倡议事项较多的一般分条列举，一级标题多用三号黑体字，二级标题多用三号楷体字。

（3）**呼吁号召**　这是倡议书的结尾部分，表达倡议者的决心和希望，或者写出某些建议，要彰显感染力。一般不在结尾写表示敬意或祝愿的话。

4. 落款

在正文右下方写明倡议者单位、组织名称或个人的姓名，署名下方写上提出倡议的具体日期。

（二）倡议书的写作注意事项

1. 内容要符合国家方针政策

倡议书的具体事项要符合国家方针政策，紧扣时代要求，贴合群众意愿，并切实可行，不能说假话、空话，让人雾里看花。

2. 篇幅不宜过长

倡议书的篇幅冗长容易引起阅读疲劳，从而影响践行效果。语言要做到简洁、精练、朴实，让人一目了然。

3. 情感真挚富有感染力

倡议书的目的是在最大的范围内调动倡议对象参与的积极性，并转化为实际行动。这就需要用真情实感去感染倡议对象，唤起受众的情感共鸣。

笔记区

例文评析

"放下游戏"倡议书①

全体同学们：②

随着时代的发展，智能手机越来越成为我们生活中不可缺少的辅助用品。网络时代，出行、购物、外卖、展码等，一机在手，方便快捷。带来便捷的同时，也有需要面对的问题，其中，青少年沉迷网络游戏就需要引起重视。

在校园里，有的同学沉迷游戏，无法自拔，甚至患上严重的"游戏障碍"症。有的同学在课余时间，眼睛不离手机，熬夜不睡觉玩游戏，既伤害身体，又影响第二天的学习。③

为了健康，为了更好地投入学习，我们发出以下倡议：④

一、**放下游戏，多运动**

青少年时期，正是身体发育的关键时期，沉迷游戏无一利而有百害，如近视眼、颈椎病等多发。只有多运动，才能拥有健康的身体，才能拥有为国家、为社会做贡献的本钱。

二、**放下游戏，多看书**

游戏属于娱乐项目，无法提升自身的文化修养，只有书籍能给我们提供知识和力量。读书月即将来临，学校为大家推荐了很多阅读书目，希望大家少玩游戏，多读书。

① 标题首行居中，由倡议内容和文种构成。

② 称谓写于标题下空一行左侧顶格位置，后接全角冒号。

③ 正文先交代倡议的背景、原因、目的。

④ 发出倡议，分条列出，清楚明白。

同学们，我们要认清游戏的真实本质，浅尝辄止，学会放下，才能学有所成。⑤

××××××学校团委
2022年3月15日⑥

⑤ 结尾再次发出号召，感染力强。

⑥ 正文右下方落款，写明发出倡议的组织名称和发文日期。

任务实施

一、写作训练

请以学校团委的名义拟写一份"书籍伴我成长"倡议书，从读书的益处出发，借读书月的良好契机，向全校同学发出"多读书、读好书"的倡议。

写作要求：在写作任务手册中完成写作训练，语言简明，内容具体，格式正确。

二、课堂交流

请同学们分享一下你读过的印象最深刻的书籍，简要介绍为什么喜欢，有哪些地方打动了你。

三、知识巩固

完成写作任务手册中的知识巩固，并参考任务评价标准，开展自评、互评与师评。填写任务总结，对本文体的学习进行总结与反思。

文体二 读书笔记

学习目标

了解读书笔记的种类。

掌握评注的写法。

培养主动阅读的兴趣和习惯。

写作任务

在读书月里，同学们都读了自己喜欢的书籍。为了能更好地吸收书中的营养，大家要多写读书笔记。月末学校将举办读书笔记展览活动，每班推荐优秀的读书笔记参展。

请选取喜欢的书籍，写一则评注。

写作指导

一、读书笔记概述

（一）读书笔记的含义

读书笔记就是指读书时把自己的读书心得记录下来或把文中的精彩部分整理出来而记的笔记。记读书笔记是训练阅读的好方法，能大大提高写作能力。

（二）读书笔记的特点

1. 选择性

读书笔记不是所读皆记，它必须通过读者的选择，将最重要的或最有感悟的内容记录下来。不同的读者读同一本书，笔记的内容也不会相同。

2. 概括性

无论是内容、提纲的摘录还是读后感、随感等，都必须运用归纳的方法才能简明扼要地记录文章的要点。即使摘录重要片段、精彩场面等内容，过后也要分类、整理、归纳、概括。

3. 随意性

这种随意性是指读书笔记的形式多样、灵活自由。行文可长可短，既可采用圈画、点评、笔记的方式，也可摘录精彩片段、内容概要，还可写成札记、随感之类的文章，忙时少记，闲时多记，完全凭个人的兴趣随时运用。

（三）读书笔记的种类

读书笔记种类形式很多，主要有摘要式读书笔记、评注式读书笔记、心得式读书笔记三大类。

1. 摘要式读书笔记

摘要式读书笔记指将书中或文章中一些重要观点、精彩语句、有用数据和材料摘抄下来，目的是积累各种资料，为科研、教学、学习和工作做好准备。可按原书或原文系统摘录，也可摘录重要论点和段落，还可摘录重要数字。

2. 评注式读书笔记

评注式读书笔记不单是摘录内容，还要把读物内容的梗概、自己对摘录内容的看法、观点写出来，也要表达出笔记作者的感情。常见的五种形式如下。

（1）书头批注　书头批注是最简易的读书笔记。在读书的时候，把书中重要的地方和自己体会最深的地方，做好标记，或者在空白处加批注，或者可以折页、夹纸条作为记号等。

（2）提纲　提纲是用纲要的形式把一本书或一篇文章的主要内容提纲挈领地记录下来。提纲可以逐章逐段用原文写出要点，也可以采用原文语句和自己的语言相结合的方式来写。

（3）提要　提要是综合一本书或一篇文章的主要内容，完全用自己的语言概括或写出要点，除客观叙述读物内容外，也可以带有一些评述的语言。

（4）评注　评注是读完作品后对作品的得失加以评论，或对疑难之处加以注释。

（5）补充原文　补充原文是在读完原书或文章之后，感到有不满足的地方而进行补充。需要注意的是，补充原文不是随意补充，而是要围绕中心思想加以引申或发挥。

3. 心得式读书笔记

心得式读书笔记是读书或读文章后写出的自己的认识、感想、体会和启发。常见的形式有心得和札记。

（1）心得　也叫读后感，是将读书体会、感想、收获写出来，有时也提出自己的观点、见解或看法。关于读后感，我们在情境二的文体三有专门讲述，这里不作赘述。

（2）札记　它是读书时摘记要点，并总结心得体会的文章，可长可短，也可集结成书，如《文心雕龙札记》（黄侃著）。

二、评注的格式写法

读书笔记的格式相对宽松，没有其他应用文那样严格的关于字体、字号等方面的要求，只是在读书后就自己的感受真实、准确地记录即可。我们重点介绍最常用的评注的写法。

（一）评注的写作格式

1. 标题

评注的标题比较简单，由所读书籍的名称和文种组成。如《钢铁是怎样炼成的》评注。

2. 摘抄原文

摘抄书籍文献中的精彩语句、段落，在引文后注明出处。

3. 评注

在摘抄的原文下另起一段，左空两字写"评"，后接冒号引出个人对摘抄段落的评论。评注的内容是作者对所摘抄段落的评价，如果需要注释，也可写明。

（二）评注的写作注意事项

1. 认真读

读书笔记是在"读"的基础上"记"，读就要读得认真，才能有选择地摘抄、有思想地感悟，才能留下有价值的笔记内容。

2. 细致评

评要用心，对于自己当时读书的想法要准确记录，也许多年后再读同一本书，想法和感受有了改变，读书笔记可以帮助记录心路历程，方便日后使用。

笔记区

例文评析

《故都的秋》评注①

在北平即使不出门去吧，就是在皇城人海之中，租人家一椽破屋来住着，早晨起来，泡一碗浓茶，向院子一坐，你也能看得到很高很高的碧绿的天色，听得到青天下驯鸽的飞声。从槐树叶底，朝东细数着一丝一丝漏下来的日光，或在破壁腰中，静对着像喇叭似的牵牛花（朝荣）的蓝朵，自然而然地也能感觉到十分的秋意。说到了牵牛花，我以为以蓝色或白色者为佳，紫黑色次之，淡红者最下。最好，还要在牵牛花底，教长着几根疏疏落落的尖细且长的秋草，使作陪衬。

北国的槐树，也是一种能使人联想起秋来的点缀。像花而又不是花的那一种落蕊，早晨起来，会铺得满地。脚踏上去，声音也没有，气味也没有，只能感出一点点极微细极柔软的触觉。扫街的在树影下一阵扫后，灰土上留下来的一条条扫帚的丝纹，看起来既觉得细腻，又觉得清闲，潜意识下并且还觉得有点儿落寞，古人所说的梧桐一叶而天下知秋的遥想，大约也就在这些深沉的地方。

秋蝉的衰弱的残声，更是北国的特产，因为北平处处全长着树，屋子又低，所以无论在什么地方，都听得见它们的啼唱。在南方是非要上郊外或山上去才听得到的。这秋蝉的嘶叫，在北方可和蟋蟀耗子一样，简直像是家家户户都养在家里的家虫。

还有秋雨哩，北方的秋雨，也似乎比南方的下得奇，下得有味，下得更像样。

——郁达夫《故都的秋》②

① 题目由所读文章题目加文种构成，简单明确。

② 第一部分摘抄原文，并在文末注明出处。

评：这篇文章的开头结尾，作者都将南国之秋与北国之秋进行对比，重点抒发故都的秋"来得清，来得静，来得悲凉"。在景物选取上，一椽破屋、碧绿的天色、驯鸽的飞声、槐树、牵牛花的蓝朵、秋蝉、秋雨，后面还有秋果（枣子）等，都从不同的角度体现作者的感情基调。日光是一丝一丝的，要数的，这是多么清闲，多么诗意。后面扫帚在灰土上留下的丝纹，一条条的，多么细腻，多么闲逸，又有些落寞。作者从颜色、触觉、声音等方面，为读者展示了一份厚重浓烈的秋味，这味道，饱含对故国的思恋，对祖国深沉的爱。③

③ 第二部分做评注，这篇评注重点在评，发表作者对这篇文章的评价。

✅ 任务实施

一、写作训练

就校园读书月中所读书籍，写一则评注。班级内部进行评选，参与学校读书月读书笔记展览活动。

写作要求：在写作任务手册中完成写作训练，要摘抄原文，并针对摘抄部分进行评注。

二、课堂交流

"一千个读者就有一千个哈姆雷特"。读书，之所以魅力无穷，在于透过文字的描述可以实现多种想象。同学们就所读优秀作品中的人物进行交流，可以学习到作品中塑造的典型人物的品质。

三、知识巩固

完成写作任务手册中的知识巩固，并参考任务评价标准，开展自评、互评与师评。填写任务总结，对本文体的学习进行总结与反思。

文体三　演讲稿

🖥 学习目标

掌握演讲稿的特点和格式写法。

能写出主旨鲜明、有感染力的演讲稿。

阅读经典作品，传播优秀文化。

🏷 写作任务

读书月系列活动中，"阅读越美"主题演讲比赛是大家期待的重头戏。同学们可以从经典的文学作品中读到美丽的人物、美好的灵魂，也能读到动人的情节或是作家的独特故事。

请准备一篇主题演讲稿，参加演讲比赛。

✉ 写作指导

一、演讲稿概述

（一）演讲稿的含义

演讲稿也叫演讲词，是演讲时所用的文稿，也是演讲的依据。它是为演讲服务的文字材料，演讲的

文体讲解

内容、目的不同，演讲稿也不同。

（二）演讲稿的特点

1. 现实性

演讲稿是表明观点和态度的文字材料，这个观点和态度一定要与现实生活紧密相关。演讲的内容是现实生活中存在的、人们所关心的问题，因此它的观点和材料要来自生活或学习，演讲的内容才更加真实可信。

2. 说服性

演讲的目的在于打动听众，使听众对讲话者的观点或态度产生认可或共情。具有特定目的的演讲稿要有较强的说服力和感染力。

3. 情景性

演讲稿是为演讲服务的，演讲者因不同的目的、不同的场合和不同的观众，要以不同的情绪进行演讲。这些构成了演讲的情景，演讲稿的写作要与这些特定情景相适应。

4. 演说性

演讲稿是用于讲话的，所以，它是有声语言，是书面化的口语。因此，演讲稿要说出来上口、听起来入耳。它一方面是把口头语言变为书面语言，即化声音为文字；另一方面，演讲稿要把正规严肃的书面语言转化为易听易讲的口语，以便演说。同时，演讲稿的语言应适应演讲人的讲话习惯，同演讲者的日常讲话节奏一致。

（三）演讲稿的种类

演讲稿按照内容分为以下几类。

1. 政治演讲稿

政治演讲稿是指政治家或代表某一权力机构的要员阐述政治主张和见解的演讲稿。各级领导的施政演说、新当选的领导人的就职演说、政治家的竞选演讲等，都属于这一类型。

2. 学术演讲稿

学术演讲稿是传播、交流科学知识、学术见解及研究成果的演讲文稿，要有高度的专业性。

3. 思想教育类演讲稿

思想教育类演讲稿针对现实生活中人们的思想动态、思想倾向和思想问题，以真切的事实、有力的论证、饱满的感情来讴歌真善美、鞭挞假恶丑，引导听众树立正确的人生观、世界观和价值观，激励听众为崇高的理想、事业而奋斗。这类演讲稿适用于演讲比赛、主题演讲会、巡回报告等。

二、演讲稿的格式写法

（一）演讲稿的写作格式

演讲稿的结构通常包括称谓、开场白、正文、结尾四部分。

1. 称谓

称谓就是对演讲听众的称呼。恰当得体的称谓可以拉近与听众的距离，吸引听众的注意，展示演讲者的礼仪，也是对听众的尊重。

根据受众的不同，称谓有尊称或平称。尊称是向尊者最大程度地表达尊敬和礼貌，如"尊敬的老师"；演讲者身份较高，可使用平称以表亲切，如"朋友们"。

2. 开场白

好的开场白能够紧紧地抓住听众的注意力，为整场演讲的成功打下基础。常用的开场白形式有以下几种。

（1）**点明主题式**　开门见山，直接切题，没有多余的客套话。这样的开头适用于非常官方、正式的演讲。

（2）**提出问题式**　由提出问题开始，引起观众的注意，然后展开演讲。

（3）**交代背景式**　将演讲的原因、背景等情况交代清楚，便于后面进入正题。

除此之外，还有语义双关式、风趣幽默式、议论抒情式等。不论哪种开场白，目的都是使听众立即了解演讲主题、引入正文、引发听众思考等。

3. 正文

正文是整篇演讲稿的主体。主体必须重点突出，层次分明，节奏张弛有度，中心语句明确。

演讲稿主体的层次可按时间或空间顺序安排，也可以平行并列、正反对比、层层递进。由于演讲材料是通过口头表达的，为了便于听众理解，各段落应语义连贯，段与段之间可以运用过渡句或者"首先""其次""然后"等词语来区别层次。

把握节奏感，是演讲最打动人心的技巧之一。节奏的转换依靠内容的变化来实现。在主题思想的统领下，插入幽默的轶事、典雅的诗文等变化节奏，使听众的注意力高度集中又不会疲劳。

4. 结尾

结尾是演讲内容的收束，起着深化主题的作用。结尾的方法有归纳总结法、引文格言法、反问法等。

归纳总结法是概括一篇演讲的中心思想，总结强调主要观点；引文格言法则是引用名言警句，升华主题、留下思考空间；反问法是以问句引发听众思考和对演讲者观点的认同。此外，演讲稿的结尾也可以用含蓄的语言给人留下意犹未尽的回味，或者用感谢、展望、鼓舞等祝颂式语句作结，使演讲能自然收束，给人留下深刻印象。

（二）演讲稿的写作注意事项

1. 观点鲜明，论据材料典型生动

大多数演讲稿如同一篇议论文，要有主要观点，并对主要观点进行论证。一篇演讲稿应当只有一个主题，在有限的时间段内，借助语言、手势等向听众讲明一个问题或道理，因此要突出主题，明确中心。

2. 结构清晰，逻辑合理

演讲稿要有抓住听众的开头，更要有思路清晰、表达得体的主体，结尾要耐人寻味，余韵悠长。

3. 语言感人，上口入心

演讲稿的说服性和鼓动性决定着文稿语言要生动感人，朗朗上口，不能晦涩难懂，要短句多，长句少。多使用修辞手法，给听众留下深刻印象。

笔记区

例文评析

尊敬的老师、亲爱的同学们：①

大家好！

我是来自20级××班的×××，今天我演讲的题目是《新学期，新起点》。②

光阴似箭，岁月如梭，带着美好的憧憬，我们迎来了新学期，我们将共同开启求知、追梦的新征程。虽然刚刚开学，但我们还是要尽快进入学习状态，给自己制定一个新的学期目标，再经过不懈的努力，取得更优异

① 称谓顶格写，使用尊称或平称，表礼貌和亲切。

② 自我介绍开头，拉近距离，同时点明主题。

的成绩。③

新入学的学弟学妹们，踏入校门就意味着一个新的开始。这里有和蔼可亲的班主任，有培养学生获得各级大赛奖项的金牌教练；这里有花园一样的校园环境，有丰富的社团活动。期待你们的华丽绽放。

新学期对于我们二年级的同学来说，更是忙碌的一年，学习等各方面的任务会更加繁重。同学们，加油吧！从现在开始，我们要给自己制订一个科学的学习计划。上课认真听讲，做好笔记，仔细完成作业。尤其是实习课，更应勤动手、细观察，掌握技能，为实习做好准备。每天都要有收获，有进步，积少成多，滴水穿石。

三年级有些同学要备战高考。当目标已定，需要做的就是努力实现。"宝剑锋从磨砺出，梅花香自苦寒来。"只有抓紧时间，跟住老师，刻苦攻读，才能走进理想的大学校门。④

同学们，新学期，新起点，我们一起向未来！⑤

③ 正文用规整的成语引出演讲内容，开门见山表明观点。

④ 主体部分对不同年级的同学分别提出希望，条理清晰。内容以鼓舞号召为主，既有可行的建议，也有美好愿望的感召，很有鼓动性。

⑤ 结尾扣题，发出号召。

✓ 任务实施

一、写作训练

"阅读越美"演讲比赛在即，请大家就读书月中所读到的精彩故事、动人情节、典型人物等写一篇演讲稿，参加比赛。

写作要求：在写作任务手册中完成写作训练，观点鲜明，语言张弛有度，有个人特色。

二、课堂交流

古今中外，有众多著名的演讲家发表过很多精彩的演讲，比如马丁·路德·金《我有一个梦想》，毛主席在开国大典上的庄严宣告等。同学们可以搜集演讲家的演讲稿，尝试着演讲，感受演讲家的语言及风格并交流感受。

三、知识巩固

完成写作任务手册中的知识巩固，并参考任务评价标准，开展自评、互评与师评。填写任务总结，对本文体的学习进行总结与反思。

情境二 学业日常

🎯 学习情境

2021年，是中国共产党成立一百周年。全国人民在中国共产党百年华诞之际，举行了各种庆祝活动，回顾党的光辉历史，展现新时代党和国家各项事业取得的历史性成就，共同祝愿祖国的明天更加美好。

文体一 提纲

学习目标

了解提纲的含义和种类，掌握提纲的写作格式。

能够撰写讲话提纲，养成列提纲的习惯。

感恩中国共产党，树立坚定的理想信念。

写作任务

为了让同学们更深入地了解党的历史，加深对党的发展历程的感悟，学校组织召开"学党史，感党恩，增技能"主题班团会，请同学们从学党史的收获、感恩党的英明领导、努力学习增长技能等角度，谈谈如何从现在做起、从自己做起，学好技能，报效祖国。

请为主题班团会"学党史，感党恩，增技能"拟定一份发言提纲。

写作指导

一、提纲概述

（一）提纲的含义

提纲是一种概括叙述纲目、要点的公文，它不把全文的所有内容写出来，只是将主要内容提纲挈领地列出来。提纲用于汇报工作、传达会议精神和讲话发言。

（二）提纲的特点

1. 纲要性

即把发言或写作的纲目、要点提纲挈领地写出来，而不是把原文一字不漏地写出，写作中突出"纲目"和"要点"。

2. 条理性

条理要清楚，列出问题，每个问题下面有几个要点，一目了然。

（三）提纲的种类

因用途不同，提纲分为汇报提纲、传达提纲、讲话提纲和写作提纲。

1. 汇报提纲

用于向上级领导机关汇报工作。汇报人按照提纲的纲目，结合具体材料，向上级领导进行口头汇报，如《关于×××工作的汇报提纲》。

2. 传达提纲

用于大中型的重要会议结束后，向领导、同级或下级传达会议精神，如《××省职业教育大会精神传达提纲》。

3. 讲话提纲

用于在会议上讲话时，为了让讲话条理清晰，避免忘词，提前把所要讲的内容简要地写出来，方便将自己的讲话内容串联起来，如《立足岗位守正创新——××省第十三届党代会上的发言提纲》。

4. 写作提纲

在进行实际写作之前，把主要观点、重要材料提纲挈领地写出来的一种文字材料，如《〈论职业学校基础课教师对新课程改革的不适应及对策〉提纲》。

二、讲话提纲的格式写法

（一）讲话提纲的写作格式

讲话提纲一般有标题、称谓、正文、结语四部分。讲话提纲可繁可简，最简单的提纲只有几十个字或几百个字，有的讲话提纲长达数千字，甚至上万字。这要根据讲话者的实际情况、讲话习惯而定。

1. 标题

讲话提纲的标题用二号小标宋体字写在首行居中位置，一般由会议名称和文种构成，如《在×××会议上的讲话提纲》；也可用正副标题的形式，拟定文章式标题作正标题，如《坚定不移跟党走——在庆祝中国共产党成立100周年表彰会上的发言提纲》。

标题下行括号内标明会议时间。

2. 称谓

讲话提纲的称谓即与会人员，一般用泛称，如"各位领导""全体同学们"等，称谓后接全角冒号。

3. 正文

正文用小四号仿宋字体编排，包括前言和主体两部分。

（1）**前言**　即讲话的开头语，一般简单介绍背景，引出讲话的主体内容。

（2）**主体**　是讲话提纲的核心内容。把讲话的主要内容，用大小标题的形式写出来。简单提纲可不写具体内容，只呈现核心句或关键词；复杂提纲可以把重点内容、要点详细写出来。提纲的简单或复杂，是由讲话人根据讲话的内容、讲话的习惯等方面决定的，没有确切的规定。

4. 结语

提纲结语，也是讲话的结尾，用一两句总结收束发言即可。有的发言没有结语，可不写。

（二）讲话提纲的写作注意事项

1. 清晰明确

提纲的重要作用是对讲话人的讲话进行提示，因此，大小标题要条理清晰，逻辑缜密。

2. 繁简适宜

根据讲话内容的长短、讲话习惯等，不同的讲话提纲适合不同的讲话人，要根据讲话人的要求，或繁或简，适宜为好。

例文评析

2021年度德育工作会议讲话提纲

（2021年12月25日）①

为进一步贯彻落实《中共中央国务院进一步加强和改进未成年人思想道德建设的若干意见》，全面总结学校德育工作亮点，推进学校德育工作再上新台阶，现对本年度德育工作情况作以下汇报。②

一、德育队伍建设

（一）班主任培训情况

① 标题居中，宋体小标二号字，下面标明汇报时间。

② 开头简要说明情况。

（二）各系部行政辅助人员工作情况

二、学生管理工作

（一）"五早"情况

（二）行为规范教育

（三）学生综合素质评价工作

（四）心理健康指导工作③

三、今后打算

（一）继续完善德育工作目标，推进德育活动课实验基地建设工作

（二）继续做好家校合作，完善家长委员会建设④

③ 使用大小标题列出主要内容，重点内容可以写得详细些。

④ 此提纲没有结语，如需结语，则简单收束全文即可。

任务实施

一、写作训练

请写一份班会讲话提纲，班会主题为"学党史，感党恩，增技能"，讲话内容包括学党史的收获、感恩党的英明领导、努力学习增长技能等方面，选择其中一个方面详谈，其他方面略讲。

写作要求：在写作任务手册中完成写作训练，逻辑清晰，内容简明、清晰连贯，利于讲话使用。

二、课堂交流

学党史活动中，同学们一定有很多收获，请以小组为单位，进行党史故事的交流活动，为日后学校举行的讲党史故事比赛做准备。

三、知识巩固

完成写作任务手册中的知识巩固，并参考任务评价标准，开展自评、互评与师评。填写任务总结，对本文体的学习进行总结与反思。

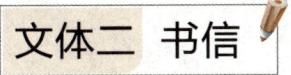

文体二　书信

学习目标

掌握一般书信的格式写法。

能够以规范的格式写作书信。

怀感恩之情，树报国之心。

写作任务

2035年，我们国家的远景目标是基本实现社会主义现代化。同学们，到了2035年，你们正是为国建功立业的美好年华。到那时，祖国更加繁荣富强，人民生活更加幸福美好。为了实现中国梦，我们每个人都要以百倍的热情千倍的努力，投身祖国的建设和发展中来，不负青春、不负韶华。

同学们，给未来的自己写一封信，让时间见证我们的成长。

写作指导

一、书信概述

（一）书信的含义

书信是人们相互联系、交往、沟通的一种常用文体。

中国是礼仪之邦，使用书信往来历史悠久，书信也有很多别称，如尺牍、手札、尺素、八行书、双鲤鱼等，古人通信非常讲究修辞、文法和礼节。随着现代通信方式的多样化，书信联络逐渐减少，电话、短信、微信、电子邮件等虽然便捷，但富含感情的书信不应该消失。

（二）书信的特点

1. 特定性

一般书信的读者对象是特定的某个人或某个群体，受文对象明确。

2. 私密性

书信是与特定读者交流思想感情的工具，它借用书面文字表达出来，可以毫无保留地吐露作者内心深处的思想情感。因此，有些书信具有私密性。

3. 灵活性

由于书信的读者对象各异，应用范围极其广泛，写法非常灵活。

（三）书信的种类

书信分为一般书信和专用书信。

1. 一般书信

一般书信是用来向亲友、同学、同志等讲述自己的生活、学习、工作、思想等方面的情况，或是询问了解对方的情形，交流思想感情等的文体。

2. 专用书信

专用书信是指特定范围内因公务需要而写的具有专门用途的书信，其格式固定，内容单一，如介绍信、证明信、推荐信、请柬等。

二、一般书信的格式写法

（一）一般书信的写作格式

一般书信由称谓、问候语、正文、结尾、落款五部分构成。

1. 称谓

称谓，就是对收信方的称呼语，写于首行顶格位置，可以有简单的修饰词，如"亲爱的妈妈""尊敬的刘老师"等。

2. 问候语

正文下一行左空两字写问候语，可以是简单的"您好！"，也可以针对不同的收信人写出恰当的问候语，如给长辈写信，可以问"近来您身体好吧？"，给同学写信，可以问"最近学习紧张吗？"，等等。

问候语要真挚，要表达内心的真情实感，读来才更亲切感人。

3. 正文

另起一行空两字，开始正文内容。正文部分要条理清晰，一事一段。语言流畅明白，不要隐晦难懂。

4. 结尾

要根据收信人的身份，写上祝福语。一般为"此致、敬礼"，在正文结束后另起一行空两字位置写"此致"，后不接标点，下一行顶格写"敬礼"后不接标点或只能接感叹号。也可以写其他内容的祝福语，如给长辈老人写信，可以写"祝您健康长寿！"；如给同事写信，可以写"祝工作顺利！"，等等。

5. 落款

在结尾的右下方署上写信人的姓名，下行同一位置署写信的日期。署名的前面可以加上修饰词，表明与收信人的关系，如"儿：亮亮""学生：王成军"。

（二）一般书信的写作注意事项

1. 格式内容清楚明白

写作书信时，首先要严格遵循格式要求，这也是对收件人的尊重。内容要表达清楚，不要让读信人产生歧义。

2. 语言自然贴切有感情

书信就是写信人与收信人之间的感情交流，是一种有温度的应用文。针对不同的收信人，语言要贴切，以免给读信人带来不好的心理感受。

3. 书写工整

手写书信时一定要字迹清楚不能潦草，以免辨认不清。

笔记区 ✏️

✏️ 例文评析

亲爱的爸爸妈妈：①

　　女儿想你们了！家里一切都好吧！②

　　一转眼，离家上学已有一个多月了，军训已经结束，开始了按部就班的学习生活。

　　爸爸，上次写信我还在抱怨军训的苦和累。现在军训结束了，才发现其实军训也没有那么不堪忍受。能够一动不动地站半小时军姿，还挺骄傲的。军训汇报表演时，我作为班级的标兵，走在队伍的最前面，经过主席台时，感受到了前所未有的自豪。

　　妈妈，新的学习生活已经开始，每天都十分紧张忙碌。回想以前在家时，每天早晨有妈妈温柔的呼唤、美味的早餐，当时，都觉得是理所当然。现在，每天被闹钟叫醒，起床整理床铺，到食堂排队买饭时，才真正感悟到在父母身边的生活是多么幸福。③

　　谢谢爸爸每天晚上到学校接我放学，陪我走那段回家的夜路；谢谢妈妈每天早上变换花样给我做好早餐。如今，女儿不在身边，希望爸妈保重身体，多年后，我给爸妈做早餐。④

　　祝

身体健康！⑤

女儿：文文
2021 年 10 月 20 日⑥

① 称谓顶格。
② 问候语独占一段，切合实际，表达真情实感。
③ 正文内容简单介绍现在的情况，分别和父母交流感受，琐碎但充满人情味。
④ 最后表达对父母的感谢、感恩。
⑤ 结尾写上适合的祝福语。
⑥ 正文右下方落款，写明署名和日期。

任务实施

一、写作训练

请给未来的自己写一封信，结合自身实际情况，可以规划未来，可以表达奋斗的决心，即"做什么""怎么做"才能在祖国腾飞的新形势下，报效国家，表达出青年人对祖国的感恩之情。

写作要求：在写作任务手册中完成写作训练，格式规范准确，条理清晰，语言真挚。

二、课堂交流

感恩是一种美德，是人生最好的修行。在成长的路上，有很多帮助过我们的人，你还有哪些想说而没说出口的感谢，请利用课堂交流的机会，与大家分享。

三、知识巩固

完成写作任务手册中的知识巩固，并参考任务评价标准，开展自评、互评与师评。填写任务总结，对本文体的学习进行总结与反思。

文体三 读（观）后感

学习目标

掌握读（观）后感的格式写法。

能够针对不同的书籍、影视作品撰写读（观）后感。

理解父母，感悟亲情，以实际行动感恩父母。

写作任务

生活中，我们最应该感恩的就是我们的父母。父母之爱，是世间最无私、最温暖的感情。史铁生的《合欢树》、朱自清的《背影》，电影《漂亮妈妈》《海洋天堂》，罗中立的油画《父亲》、丰子恺的中国画《提携》等众多的文学艺术作品都在表达父母之爱。欣赏这些作品后，每个人都会被父母的伟大所触动。

在母亲节、父亲节到来之际，写一篇读（观）后感，铭记感恩之情。

写作指导

一、读（观）后感概述

（一）读（观）后感的含义

读（观）后感是指读了一本书、一篇文章、一段话，或观看了一部影视、一个艺术作品之后，把具体感受和得到的启示写成的文章，是一种常用的应用文体。

（二）读（观）后感的特点

1. 思想性

读（观）后感所发的感触既包括欣赏，也包括领悟出来的道理、引起的思考或独特的见解，具有鲜明的思想性。

2. 独特性

读（观）后感属于议论文，要表明作者的观点，这一观点是作者独特的感受，有别于他人的观点。

二、读（观）后感的格式写法

（一）读（观）后感的写作格式

读（观）后感与一般有严格格式的应用文体不同，没有非常细致的要求，但在文章架构和内容上有一些写作技巧。

1. 标题

写读（观）后感，一般采用正副标题的形式，如《不忘初心，继续前行——读〈×××〉有感》，这样主旨明确，也更有文学性；也可以用所读（观）的内容加文种的形式，如《〈×××〉读后感》《〈×××〉观后感》，或直接写文种名称，简洁明了。

2. 正文

一篇完整的读（观）后感，大体来说，包含"引、议、联、结"四个部分，"议"和"联"是主体内容。

（1）引　文章开头，先简洁地引述所阅读（观看）的作品。"引"即引用，"述"即叙述。通常情况下，读（观）后感的第一部分，围绕着"感"的要点，适当、有条理地引述相关内容。如果是文章书籍，可以引用原文，但要简略而恰当；如果是影视作品，简洁地概括出某一个情节或画面，交代出"感"从何而来，作品中的哪一点引起了思考。

（2）议　接下来对引述的内容进行分析、评价，挖掘出作品的深层含义，然后提出中心论点，即所"感"的核心要点。自己的感悟是建立在分析作品的基础上的，核心要点是从对作品的分析解读中引发出来的。分析作品和发表议论要紧密结合。

（3）联　从作品和感悟引发联想、思考，可以与同类作品对比，或是联系实际拓展思路。这一部分切不可脱离所引内容及"感"的核心要点，要"联"的恰当，而不是生拉硬扯。

（4）结　结尾部分需要将上文观点简单做总结，进一步发表自己的感慨、思考，结束全文。

（二）读（观）后感的写作注意事项

1. 重视读（观）

读（观）后感的前提是"读（观）"，"感"是在读（观）的基础上引发的，因此，有些特定的读（观）后感，我们要在读（观）之前就做好准备，如提前设定问题：这部作品的核心观点是什么？我是否赞同？在读的时候，遇到好的句段可以直接摘抄，以备后面写作使用。在读（观）了一部作品有所感悟或启示后，可以拓展阅读、了解其他作品，比如了解作品的创作背景、时代背景，更全面地了解所读（观）内容。

2. 要处理好"读（观）"与"感"的关系

读（观）后感中"感"是重点。不能简单摘抄大量句段，只抄不"感"；也不能大篇幅叙述影视作品，只有一两句感想。行文中，"感"的内容是"读（观）"的三倍到四倍以上。读（观）后感既要写"读（观）"，又要写"感"，既要叙述，又要说理。叙述是议论的基础，议论又是叙述的深化。

3. 围绕"感"的一个点进行叙述、议论和抒情

对于所读（观）的作品，要选取一个点进行生发，以小见大，切不可对整部作品泛泛而谈。议论时要有理有据，可以引用原文，但要简洁；可以引用事例，但要准确恰当。抒情时要真挚，不能空泛。

笔记区

例文评析

《傅雷家书》读后感 ①

　　《傅雷家书》收录了我国文学艺术翻译家傅雷及其夫人于1954~1966年间写给两个儿子的家信，总共186篇。傅雷在书信中和儿子谈艺术，论音乐；聊比赛、聊生活；说自己、讲国家。生活中大大小小的事都写在信中，充满了父亲对儿子的爱和期望。②

　　每一封家书都值得我细细地品、慢慢地读，它拥有着文学价值，也充满着人间最美好的情感。字里行间写满了父亲对儿子深沉的思念与关爱。傅雷把儿子当作朋友，讨论艺术上的问题，端正儿子的品格，让儿子拥有独立的观念，高尚的审美。③

　　读完《傅雷家书》，我想了想自己，也不禁感慨：天下父母之爱都一样深沉。回想自己住校以来，爸爸妈妈电话中的询问：住校生活怎样，学习有困难吗，同学关系好吗等，这些都是他们对我的爱啊！《傅雷家书》教会我，即使琐碎的生活小事，也要多和父母沟通、交流，多分享自己的想法，互相理解。④

　　父母的爱是人世间最伟大的爱。傅雷教他的儿子做人、做学问、爱国敬业，言传身教影响着儿子的一生。我们的父母也用爱感染着我们，指引我们走向正确的道路。父母的话我们要用心去听，去体会。因为，他们是世界上最爱我们的人。⑤

① 题目由所读书目加文种构成。

② 第一自然段简述书籍的内容，属于"引"的部分。这部分内容占全文的1/4左右。

③ 第二自然段发表观点，属于"议"的部分。

④ 第三自然段联系自身生活实际，写出感受，属于"联"的内容。

⑤ 结尾段将书籍内容与自身观点进行总结，属于"结"。

任务实施

一、写作训练

　　我们读过很多回忆父亲母亲的文章，如老舍、罗曼·加里的同题散文《我的母亲》，张洁的《世界上最疼我的那个人去了》，诺贝尔文学奖得主莫言的《写给父亲的信》，这些优秀文学作品都是值得欣赏、学习的好文章。同学们可以选择自己喜欢的讴歌母爱、歌颂父爱的文章，写一篇读后感。

　　写作要求：在写作任务手册中完成写作训练，符合读后感的写作规范，观点清晰，语言真挚。

二、课堂交流

　　生活中，父母对我们的关爱润物无声，有时常常被认为是理所当然，甚至被忽视，同学们静下来想一想，说一说，你与父母之间的哪件小事让你倍感温暖、难忘。

三、知识巩固

　　完成写作任务手册中的知识巩固，并参考任务评价标准，开展自评、互评与师评。填写任务总结，对本文体的学习进行总结与反思。

02 活动篇

校园活动丰富多彩，会经常使用到应用文。例如运动会的方队入场解说词，主题班会的会议记录，"学党史"讲座的邀请函等，都需要应用文来穿针引线。如果离开了应用文，活动可能就会处于无组织状态，或失了光彩，或无疾而终。

本篇将校园活动的主题与应用文写作进行整合，设计出两个常见的且具有时代特征的教学情境，把通知、会议记录、申请书三种应用文体的写作融入"主题团会"的情境中，把邀请函、解说词、消息的写作与"劳模工匠进校园"活动相联系，所有学习任务从活动中来，丰富了课程的文化内涵；学习成果服务于活动，突出了应用文写作的实用性。

|情境一| 会议组织

学习情境

2020年新型冠状病毒性肺炎疫情在全球暴发，中国政府采取了最全面、最彻底、最严格的防疫举措。中国的战"疫"路上有医务工作者、人民解放军、科研人员、公安民警、基层干事、志愿者……他们初心不改，使命不忘，冲锋在前，为人民群众保驾护航。中国的抗疫斗争，充分展现了中国精神、中国力量、中国担当。

在广大青年学生中间，也涌现出了许多有责任、有担当的抗疫志愿者，以实际行动贡献了青春力量。让我们利用班、团会普及防疫知识，学习先进事迹，弘扬抗疫精神，踊跃地加入到志愿者队伍中来。

文体一 通知

学习目标

了解通知的种类，掌握通知的写作格式。
能够独立撰写格式规范的通知。
听从党的领导指挥，坚定战胜疫情的信心，同心抗疫。

写作任务

疫情就是命令，防控就是责任。为了保证师生的健康安全、维护良好的教学秩序，共青团市委号召学校开展"抗疫"主题团会，普及防疫知识，学习身边榜样，弘扬抗疫精神，积极参与到疫情防控志愿工作中来。

请以校团委的名义拟写一则"青春共筑防疫长城"主题团会的通知。

📧 写作指导

文体讲解

一、通知概述

（一）通知的含义

通知是向特定受文对象告知或转达有关事项或文件，让受文对象知道或执行的公文。通知的应用极为广泛，上级机关对下级机关下达指示、布置工作、组织会议、传达意见、任免干部、决定具体问题等，都可以使用通知，平行机关之间有时也可以用通知。

（二）通知的特点

1. 广泛性

通知是所有公文中应用最广泛的文体。由于通知不限定发文机关的级别，所以使用频率最高、最灵活，有"公文轻骑兵"之称。

2. 知照性

通知的作用是知照意图和情况，需要明确地告知被通知对象，做些什么事情，如何去做；不要做什么事情，否则会产生什么后果；或传达什么信息决定等。

3. 时效性

通知的具体事项一般都有比较明确的时间限制，要求有关机关及时办理。

（三）通知的种类

根据适用范围的不同，通知可以分为以下六大类：

1. 发布性通知

发布性通知用于发布行政规章制度及党内规章制度，所发布的规章名称要在标题的主要内容部分出现，并使用书名号，如《中共中央办公厅　国务院办公厅关于印发〈党政机关公文处理工作条例〉的通知》。

2. 批转性通知

批转性通知用于上级机关采用了下级机关的公文，以"批转"形式通知下级机关，让他们周知或执行。上级机关所批转的文件内容要在标题中出现，但不一定使用书名号，如《××市××区人民政府办公室批转区民政局关于对获得社会工作者职业水平证书人员给予奖励实施方案(试行)的通知》。

3. 转发性通知

转发性通知用于转发上级机关和不相隶属的机关的公文给所属人员，让他们周知或执行。所转发的文件内容要在标题中出现，但不一定使用书名号，如《转发省政府办公厅关于印发××省突发事件预警信息发布管理办法的通知》。

4. 指示性通知

指示性通知用于上级机关指示下级机关如何开展工作，如《××省教育厅新冠肺炎疫情处置工作领导小组关于加强今冬明春学校疫情防控工作的紧急通知》。

5. 任免性通知

任免性通知用于任免和聘用干部，如《教育部关于刘×等职务任免的通知》。

6. 事务性通知

事务性通知用于处理日常工作中事务性的事情，常把有关信息或要求用通知的形式传达给有关机构或群众，如《停水通知》。

二、通知的格式写法

（一）通知的写作格式

通知的功能多，种类多，写法也有区别。这里先概括介绍通知的基本格式。通知一般包括标题、主送机关、正文、落款四部分。

1. 标题

通知属于公文，标题采用公文标题的常规写法，由发文机关、事由和文种构成。事由一般用"关于"引出，如《人力资源社会保障部关于举办中华人民共和国第一届职业技能大赛的通知》；有的通知标题也可以省略发文机关，由事由和文种构成，如《关于孙前进任职的通知》；一般事务性通知也可只用"通知"作标题。

通知的标题用二号小标宋体字，写于红色反线下空二行正中位置。如果标题过长，回行时要做到词意完整，使用梯形或菱形排列，保证对称。

2. 主送机关

通知的主送机关是指负责处理、执行通知具体事项的机关、单位或部门，其名称要写全称或规范化的简称。主送机关可以是一个或几个，也可以是所有下属单位，发文时必须写清楚，通知周全。当主送机关较多时，要注意主送机关排列的规范性。张贴、公布的通知可以省略主送机关。

主送机关写在标题下空一行左侧顶格位置，用三号仿宋体字编排，后接全角冒号。

3. 正文

在主送机关下行左空两字位置，用三号仿宋体字接排正文，具体内容视实际情况和需要而定，一般包括三部分：

（1）**通知缘由**　表述制发通知的有关背景、依据、目的、意义等。

（2）**通知事项**　这是通知的主体部分。通知所发布的指示，安排的工作，提出的方法、措施、步骤等，都在这一部分有条理地阐明。内容复杂的需要分条列项，结构层次序数依次可以用"一、""（一）""1.""（1）"标注，第一层用黑体字，第二层用楷体字，第三层和第四层用仿宋体字。

（3）**结尾**　一般情况提出号召、希望或要求。无须号召等，可另起段落直接写"特此通知""请贯彻执行""希周知"等特定用语，加以强调和重视。篇幅短小的通知，一般不需结尾。

4. 落款

在正文右下方位置落款。成文日期右空四字编排，年份不可简写，月、日不编虚位，即"1"不编为"01"。发文机关在成文日期之上、以成文日期为准居中编排。需加盖公章时，印章应端正、清晰而规范，要求"上不压正文、下压日期""骑年盖月"，使发文机关署名和成文日期居印章中心偏下位置，印章顶端应当上距正文或附件说明一行之内。

（二）通知的写作注意事项

1. 公文术语的使用要规范

在通知的标题中，会经常涉及"印发""发布""批转""转发"几个相近易混的专用术语，需要注意的是，"批转"用于发布下级机关的公文；"转发"用于发布上级机关或不相隶属机关的公文；"印发"用于发布机关内部的公文；"发布"适用于对社会公开的公文。

2. 内容事项要具体明确

通知的事项内容要具体，层次清晰，文字精练，用词规范。

3. 制发时间应迅速及时

通知应及时制发，如果在情况或问题发生变化后才发布通知，就失去了意义。

三、会议通知的格式写法

（一）会议通知的写作格式

会议通知是在会议准备工作基本就绪后，在召开会议之前，为便于与会人员提前做好准备而制发的一种事务性通知。它的写作格式、字体、字号要求同通知。

1. 标题

会议通知的标题有完全式和省略式两种。完全式标题由发文机关、事由、文种构成，如《××单位关于召开疫情防控工作会议的通知》；由多家单位联合举办的会议或单位内部制发的会议通知可省略发文机关，由事由和文种构成省略式标题，如《关于召开××工作会议的通知》；标题只写"会议通知"的情况，仅适用于备忘录式会议通知。

2. 主送机关

会议通知的主送机关具有一定的专指性，多为参与会议的机关或群体。

3. 正文

（1）通知缘由　写明组织会议的缘由、目的，一般的例行会议可不写。

（2）通知事项　通知会议有关的具体事项，包括会议内容、参会人员、会议时间、会议地点、议程、执行要求等。

（3）结尾　写明会务具体联络信息。

4. 落款

正文右下方署发文机关名称和成文时间，并加盖公章。

（二）会议通知的写作注意事项

1. 制发时间尽量提前

一般的会议提前两三天下发通知；重要的大型会议需要提前至少一周至半月制发会议通知，给与会人员充足的准备时间，有利于提高会议的质量。

2. 内容要明确具体

会议通知的内容要明确具体。对于正规、重要的会议，要用正式的公文下发会议通知，会议的各项要素要在通知中清晰罗列，如中心议题、主要议程、需做的会议准备及要求等，正文后要注明会议组织者的联系电话。

笔记区

例文评析

关于召开疫情防控工作会议的通知①

学校各系部：②

为全面贯彻落实国家、省、市新型冠状病毒感染的肺炎防控工作安排部署，更好地统一思想、强化认识，以确保师生生命健康和平安有序开学，经校领导班子研究决定，召开全体教职工疫情防控工作会议。现将有关事项通知如下：③

一、会议时间④

2020年8月21日（星期五）上午10:00

二、会议地点

校图书信息楼二楼综合报告厅

---

① 标题首行居中，由事由和文种构成。

② 标题下空一行左侧顶格位置写主送机关，后接冒号。

③ 正文开头先说明召开会议的缘由、目的，明确参会人员，用承启语转入具体通知事项。

④ 分项交代通知的具体事项。

三、会议议程

（一）传达学习省委省政府应对疫情工作领导小组指挥部关于疫情防控有关的会议精神

（二）听取学生处、教务处、保卫处和后勤等有关部门对疫情防控工作的安排

（三）部署学校下一步疫情防控具体工作⑤

四、有关要求

（一）疫情防控要求

1. 进入会场人员请主动出示行程码，配合工作人员测量体温。

2. 请佩戴好口罩，做好个人防护。

（二）参会纪律要求

1. 请全体教职工提前五分钟到达会场，不得无故缺席。

2. 会议中请将手机关闭或者调为静音，严守会场纪律，并做好会议记录。⑥

×××学校办公室
2020 年 8 月 15 日⑦

⑤ 中、大型会议需交代会议的议程。

⑥ 分述与会的具体要求。

⑦ 正文右下方落款，先署发文机关名称，后署成文时间，并加盖公章。

✅ 任务实施

一、写作训练

请以校团委的名义拟写一份会议通知，要求各班团支部利用自习课组织召开"青春共筑防疫长城"主题团会，号召全体同学发扬"党有号召、团有行动"的优良传统，积极、有序地参与到疫情防控工作中来。

写作要求：在写作任务手册中完成写作训练，语言表达简明，内容具体，格式正确。

二、课堂交流

目前，新冠肺炎疫情防控已从"非常态"向"常态化"转换，我们面对的将是一场持久战，而每个人都要做自我健康的第一责任人。请同学们谈一谈，防疫常态化，我们应该怎么做？

三、知识巩固

完成写作任务手册中的知识巩固，并参考任务评价标准，开展自评、互评与师评。填写任务总结，对本文体的学习进行总结与反思。

文体二 会议记录

🖥 学习目标

了解会议记录的特点，掌握会议记录的格式写法。

能够独立做好会议记录。

致敬时代英雄，学习身边榜样，弘扬抗疫精神。

写作任务

根据校团委的通知，各班都积极组织召开"青春共筑防疫长城"主题团会，交流科学的疫情防控知识，学习先进人物和身边的榜样，并号召同学们踊跃参与到疫情防控志愿服务中来。

请按照会议记录的写作格式做好会议记录。

写作指导

一、会议记录概述

（一）会议记录的含义

会议记录是在会议过程中由专门的记录人员将会议的组织情况和会议内容如实、准确地记录下来而形成的一种应用文书。

会议记录通常使用有固定格式的专用会议记录纸或会议记录本，如图2-1、图2-2所示。记录时使用黑色水性笔或深色钢笔书写，以便归档后长久保存。

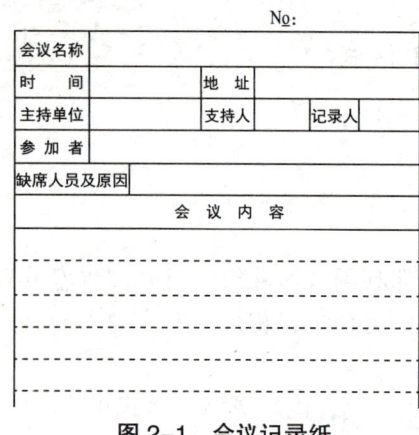

图 2-1　会议记录纸

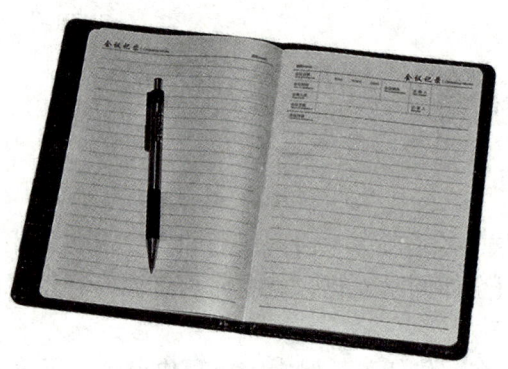

图 2-2　会议记录本

（二）会议记录的特点

1. 真实性

会议记录真实反映会议情况和会议内容，记录者不能进行加工、提炼、增添、删减、移花接木或张冠李戴。

2. 完整性

会议记录要对会议的时间、地点、出席人、主持人、议程等基本情况做好记录，按会议发展过程对领导讲话、与会者发言、讨论与争议、形成的决定等内容如实记录，不能有遗漏。

3. 资料性

会议记录是会后传达会议精神、执行会议决议、撰写会议纪要以及上报会议情况的重要依据，要作为资料或凭证妥善保存，以备查阅。

（三）会议记录的种类

按照记录方式的不同，会议记录有简要记录和详细记录两种。

1. 简要记录

简要记录采用略记的方式，有重点地记录会议要点、决议和主要言论，而不记录详细过程。如班会、公司例会等一般采用简要记录。

2. 详细记录

详细记录采用详记的方式，记录完备的项目和详细完整的言论，做到"有闻必录"。特别重要的会议如政府工作会议、重大事项决策会议等都使用详细记录。

二、会议记录的格式写法

（一）会议记录的写作格式

会议记录一般包括会议组织情况、会议内容和落款三部分。

1. 会议组织情况

会议记录的开头要准确写明会议名称、开会时间、地点、出席人、缺席人、列席人、主持人、记录人、议题等。如果某些重要的会议，出席人数较多且来自不同单位，应设置签名簿，请出席人签署姓名、单位等。这些内容要在会议主持人宣布开会之前写好。

2. 会议内容

会议内容是会议记录的核心部分，要求真实、准确地记录会议议题，与会者的发言、讨论、问题，以及会议决议等。

凡是发言都要把发言人的名字写在前，后接冒号引领发言内容。一定要先发言记录于前，后发言记录于后。对于发言内容的记录方式有两种，一是详细具体地记录，尽量记录原话，符合原意，详细记录主要用于比较重要的会议和重要的发言；二是摘要性记录，重点记录会议要点、中心内容、重要发言、建议、决议等，多用于一般性会议。会议结束，另起一行空两字位置写"散会"或"会议到此结束"。

3. 落款

重要的会议记录在会议内容的右下方要有主持人和记录人的签字，以示负责。

（二）会议记录的写作注意事项

1. 内容要真实准确

会议记录必须真实、准确，符合发言者的原意，要点不漏，不能任意增减或断章取义，尤其是会议决定之类的内容，不能有丝毫出入。

2. 略记要择要而记

略记要围绕会议的中心、问题、结论性意见、决定或决议等做简要记录，就发言来说，要记其主要论据和结论。

3. 详记要会后整理

开会时，要求详记的会议记录一般常用省略或代替的方式速记，会后加以查补和整理，整理后还应经会议发言人、主持人、召集人审阅后签字。

例文评析

会议记录①

时间：2021年3月4日第七节课	地点：20机制二班教室
应到人数：30人	实到人数：29人
缺席人：张志强（病假）	
列席人：班主任李老师、学生处邹处长	
会议名称：践行雷锋精神　争当时代楷模	
主持人：王浩然②	

① 采用印刷好的会议记录表格，可方便记录，提高效率。

② 会议基本情况在开会前如实写好。

(续)

会议内容	
主持人：1963年3月5日，毛主席发出了"向雷锋同志学习"的伟大号召。今天，雷锋精神已经成为中华民族精神的一部分，激励着我们去追求崇高的理想信念和道德品质。"践行雷锋精神　争当时代楷模"主题班会正式开始。 　　一、观看纪录片《永远的雷锋》片段，回顾雷锋的生平事迹。 　　二、诵读《雷锋日记》，坚定理想信念。 　　三、践行雷锋精神，争当时代楷模。③ 　　主持人：雷锋精神历久弥新，绽放着永恒的光芒，激励和滋养着一代又一代人。新时代，我们应该如何更好地践行雷锋精神？ 　　刘野：不管工作岗位多平凡，只要全心全意奉献自己，我们每个人都可以做出不平凡的贡献。 　　迟沣：雷锋身上的"为人民服务、爱岗敬业、勤俭节约"的品质永远都是我们的风向标。 　　罗凯：在抗疫战场上，处处都有"雷锋"的身影。逆向而行的医护人员，靠前战斗、投身战"疫"的党员团员，宣传疫情防控知识的志愿者……每一个关爱他人、无私奉献、扶危济困的热心人，他们都是新时代的雷锋。 　　孙少礼：我们要积极响应党的号召，踏着雷锋的足迹，学习那永不褪色的雷锋精神，不断成长进步。 　　李老师：学习雷锋，就要像雷锋那样团结友爱，诚实守信，助人为乐，更要有远大的理想，发奋学习，增长技能，传承雷锋精神。相信会有越来越多的"雷锋"，成为祖国建设的中坚力量。④ 　　散会。 　　　　　　　　　　　　　　　　　　　　　　　主持人：王浩然 　　　　　　　　　　　　　　　　　　　　　　　记录人：李海⑤	③ 会议内容使用略记的方式，应记录会议要点及围绕主要议题展开的活动。 ④ 记录发言时，应按发言顺序记录，发言人名字写在前，后接冒号引领发言内容，记录人把握发言的质量，重点要详细，不可遗漏，重复的可略记。 ⑤ 主持人、记录人签字。

✅ 任务实施

一、写作训练

根据校团委的会议通知，组织召开"青春共筑防疫长城"主题团会，交流科学防疫知识，学习楷模榜样事迹，号召同学们踊跃参加抗疫志愿服务，并做好会议记录。

写作要求：在写作任务手册中完成写作训练，会议记录要真实准确，要点完整，整理后上交。

二、课堂交流

"抗疫精神"是中华民族精神的剪影，它是攻坚克难的奋斗精神，是众志成城的团结精神，是坚定执着的梦想精神……请同学们结合榜样的事迹，谈谈在学习、生活中如何践行抗疫精神。

三、知识巩固

完成写作任务手册中的知识巩固，并参考任务评价标准，开展自评、互评与师评。填写任务总结，对本文体的学习进行总结与反思。

文体三　申请书

💻 学习目标

掌握申请书的特点和格式写法。

能够撰写格式规范的申请书。

弘扬"奉献、友爱、互助、进步"的志愿精神，积极投身志愿服务。

写作任务

为认真贯彻落实习近平总书记"疫情就是命令，防控就是责任"等系列重要指示，充分发挥基层团支部的工作职能和组织动员力量，各校都组建了青年志愿者队伍，大力开展公益活动，弘扬志愿精神。请同学们积极响应号召，尤其是共青团员要发挥先锋模范作用，积极投身到志愿服务中来。

请撰写一份志愿者申请书。

写作指导

一、申请书概述

（一）申请书的含义

申请书是个人或集体向组织、机关、企事业单位或社会团体表述愿望、提出请求时使用的一种文书。

（二）申请书的特点

1. 单一性

一份申请书只能提出一项申请。

2. 请求性

申请书的写作目的明确，具有明显的请求特点，态度务必要诚恳。

3. 真实性

申请书上所写的申请理由、内容、数据要真实，不能虚夸和杜撰。

（三）申请书的种类

按照申请事项的不同，申请书可分为以下几种：

1. 加入组织申请书

当个人或集体请求参加某一社会团体、组织或党派时，可以写加入组织申请，如入团申请书、入党申请书等。

2. 请求帮助申请书

当个人或单位向有关领导或上级机关请求为解决某一问题给予帮助时，可以写请求帮助申请书，如困难补助申请书、调转岗位申请书等。

3. 获取权利申请书

当向有关部门申请某种权利时，可以依据国家的相应方针政策写获取权利申请书，如专利申请书、领养子女申请书等。

二、申请书的格式写法

（一）申请书的写作格式

申请书是一种专用书信，要按照书信的基本格式来行文。大多数情况下，申请书要用专用稿纸规范书写，字迹要清晰工整，不得涂改。少数经允许的情况下也可采用电子版申请书，打印后经由申请人本人签字。

申请书一般包括标题、称谓、正文、结语、落款五部分。

1. 标题

申请书的标题由申请事项和文种构成，如"入党申请书""辞职申请书"等，少数时候也只用文种"申请书"作标题。标题写在首行居中位置，电子版一般用二号小标宋体字编排，标题以下部分多用三号仿宋体字编排。

2. 称谓

称谓，即受文对象，在标题下另起一行顶格写明接受申请书的单位、组织或有关领导，也可以加一定的形容词，如"尊敬的领导""敬爱的团组织"等，后接冒号，引起正文。电子版申请书的称谓一般在标题后空一行编排。

3. 正文

正文部分是申请书的主体，通常包括三项内容：

（1）**申请内容**　开门见山，向组织、领导提出申请的内容，不能含糊其辞。

（2）**申请理由**　客观、充分地说明申请的目的、意义及对申请事项的认识。

（3）**决心和要求**　进一步表明自己的决心、态度或要求，以便组织了解、考察情况。

4. 结语

结语一般是表示敬意的话或是表示感谢和希望的话，独立成段，如惯用语"特此申请""请组织考验""此致""敬礼"等。

5. 落款

落款写在结语右下方，先署名，下行同一位置署成文日期。个人申请要由申请人签字，单位申请写明单位名称并加盖公章。

（二）申请书的写作注意事项

1. 一事一书

申请书要求一事一书，申请事项要具体清楚，切忌同时申请多个事项。

2. 实事求是

申请的理由要充分、合理，涉及的数据要准确无误，否则难以得到上级领导的批准。

3. 态度诚恳

语言要准确、简洁，态度要诚恳、朴实。

例文评析

入团申请书①

尊敬的团组织：

我志愿申请加入中国共产主义青年团。②

中国共产主义青年团是中国共产党的有力助手和后备军，是中国青年学习马列主义、毛泽东思想、邓小平理论、"三个代表"重要思想、科学发展观和习近平新时代中国特色社会主义思想的大学校，是培养和造就"四有"青年的革命熔炉，是建设富强民主文明和谐美丽的社会主义现代化强国的主力军。

我对中国共产主义青年团充满了崇敬和向往，渴望能够早日加入团组织，成为一名光荣的共青团员，更好地接受团的教育和锻炼，在党旗和团旗的指引下成长。我会坚定初心，时刻牢记习近平总书记的谆谆教诲，从现在做起，从自己做起，勤学、修德、明辨、笃实，用社会主义核心价值观武装自己，用伟大的奋斗精神淬炼自己，为中华民族的伟大复兴贡献智慧和力量，展现新时代青年的担当。③

① 标题首行居中，由申请事项和文种构成。

② 开门见山提出申请事项，独占一段。

③ 在递交入团申请书之前，要认真学习团章和团的基本知识，在申请书中分段介绍自己对共青团的认识，以及共青团员在中国革命和建设中所做的贡献等。

我热爱祖国忠于党，思想进步肯担当。学习上我勤奋刻苦，专业成绩名列前茅，练就了过硬的技术；生活上我感恩奉献，积极投身志愿服务，不断锤炼品德修为；工作中我勇于担当，踩着父辈的足迹，投身于社会主义建设，以青春之我、奋斗之我托举起伟大的中国梦。④

如果团组织能批准我的入团申请，我将坚决执行团组织的决议，认真履行团员义务，充分发挥共青团员的先锋模范作用。如果团组织暂时没有批准我的申请，我也决不气馁，以脚踏实地的作风去追梦、圆梦。恳请团组织的考验！

此致

敬礼！

申请人：李向阳
2021 年 6 月 15 日⑤

④ 简明地介绍个人情况，抒写自己入团的强烈愿望和决心，并恳请组织考验。

⑤ 落款先署申请人姓名，后署成文日期，排版整齐。

✅ 任务实施

一、写作训练

亲爱的同学们，志愿服务的接力棒已经传递到我们这代青年手中，如果你有志愿，勇担当，欢迎你递交《志愿者申请书》加入我们，让我们携手揽腕，用实际行动传递青春正能量。

写作要求：在写作任务手册中完成写作训练，申请应目的明确，实事求是，态度诚恳，格式正确。

二、课堂交流

1993 年 12 月 19 日，在共青团中央的号召下，两万余名铁路系统青年职工亮出"青年志愿者"旗帜，在京广铁路沿线开展为旅客送温暖志愿服务，这标志着中国青年志愿者行动的正式启动。之后，这面旗帜在一代又一代青年志愿者手里传承，为中国志愿服务事业的发展提供了强大的发展动力。请同学们搜集材料，谈一谈对中国青年志愿者的认识。

三、知识巩固

完成写作任务手册中的知识巩固，并参考任务评价标准，开展自评、互评与师评。填写任务总结，对本文体的学习进行总结与反思。

情境二 介绍展示

学习情境

为贯彻落实习近平总书记关于弘扬"工匠精神"的重要指示，充分发挥"大国工匠"在职业院校开展社会主义核心价值观教育的资源优势和引领示范作用。2016 年，教育部关心下一代工作委员会联合中华全国总工会宣教部开展了"大国工匠进校园"活动。"大国工匠"与学生们面对面交流，分享求学、求艺经历，进行技艺示范，诠释崇尚技术、敬业爱岗、勇于创新、精益求精的"工匠精神"，教育和激励学生坚定理想信念，传承工匠精神，提高职业素养。

在每年的"劳模工匠进校园"活动月，各职业院校都会开展劳模讲堂、技能比武、主题班会等系列活动，让我们在活动中学习先进、争当先进，牢固树立劳动最光荣、劳动最崇高、劳动最伟大、劳动最美丽的观念。

文体一 邀请函

学习目标

了解邀请函的特点和写法。

能够独立撰写邀请函。

自觉感知礼仪，践行礼仪，传承中华礼仪文化。

写作任务

在"劳模工匠进校园"活动月，学校将邀请全国劳动模范来到同学们身边，在劳模宣讲会上分享他们求学求艺、锤炼技能和拼搏奉献的经历，以榜样的力量激励人、鼓舞人，形成尊重工匠、学习工匠、争当工匠的风尚。

请以校学生处名义给各班写一封劳模宣讲会的邀请函。

写作指导

一、邀请函概述

（一）邀请函的含义

邀请函是为了郑重邀请合作伙伴、知名人士、专家或亲朋好友等参加某项活动而制发的请约性书信。

（二）邀请函的特点

1. 礼仪性

礼仪性是邀请函最显著的特点，活动主办方使用邀请函向受邀方表示盛情和礼貌。邀请函用语要谦恭有礼，呈递也要讲究礼节。

2. 请约性

邀请函具有请约的功能，邀约的事项要交代清楚，并表达诚恳的邀请之情。

（三）邀请函的种类

邀请函从形式上可分为纸质邀请函和电子邀请函，我们可以根据活动的目的、规模来设计具有特色的、不同形式的邀请函，对于特殊、隆重的场合，多使用纸质邀请函。

从写作方式上，邀请函又可分为普通邀请函和正式邀请函。

1. 普通邀请函

普通邀请函邀请的对象是朋友、熟人等，篇幅一般比较短小，内容上只要表明邀请的意图，说明活动的内容、时间、地点，表达希望对方能够出席的愿望即可。

2. 正式邀请函

正式邀请函一般由会议或活动的负责人发出，邀请的对象多为知名人士，内容上措辞相对正式，需要表明邀请意图以及活动的名称、时间、地点、安排等，真挚地表达出邀请诚意。

二、邀请函的格式写法

（一）邀请函的写作格式

邀请函的字体、字号、写作用纸不做固定要求，可以进行创意设计，尤其是电子邀请函的艺术排版，可以营造视觉上的和谐感，增强观感体验。

一般来说，正式邀请函的主体内容包括标题、称谓、正文、落款四部分组成。有的邀请函还附有回执。

1. 标题

标题一般直接写"邀请函"三个字，或由"会议、活动名称加邀请函"组成，如《劳模宣讲会邀请函》。

2. 称谓

邀请函的称谓也就是邀请对象，写在标题下空一行左侧顶格位置，一般会在称谓前加上敬语，如"尊敬的××先生/女士""亲爱的同学们"等。

3. 正文

（1）问候语　称谓下行左空两字位置写问候语，独占一段。

（2）邀请事宜　清晰、明了地交代邀请缘由、目的、事项及要求，并对被邀请方发出得体、诚挚的邀请。

（3）具体安排　写明具体的日程安排、时间、地点，对于重点提示的信息可单独成段，突出强调。

（4）结尾　如需填写回执、信息表等材料，在文尾要特别提醒。最后，使用邀请惯用语以表诚意，如"敬请光临""此致敬礼"等。

4. 落款

落款要写明主办人姓名或主办单位的全称和成文日期。如果是单位邀请，一般要加盖公章。

（二）邀请函的写作注意事项

1. 称谓正式

邀请函受邀对象的姓名要写全名，受邀单位的名称要写准确，绝对不可有任何疏忽疏漏。

2. 事宜周详

邀请函正文内容的邀请事宜要交代清楚，以便邀请方做好充分的准备。

3. 语言有礼

邀请函的措辞要有礼有节、简明得体，态度应谦敬郑重、恳切热诚。

4. 提前送达

邀请函要提前送至受邀方，使受邀方能有充分的准备时间。

例文评析

招聘会邀请函[①]

尊敬的校企合作单位：[②]

衷心感谢贵单位长期以来对我校毕业生就业工作的大力支持。[③]

×××学校是国家级重点中等职业学校，我们秉承为地方经济发展服务，为学生终身发展服务的宗旨，深化校企合作，开设机械、电气、计算

① 由活动名称加文种构成标题。
② 邀请对象前加敬语，后接冒号。
③ 表达感谢的开头语独占一段。

机和经济管理四大类近20个专业。为促进我校应届毕业生充分就业，同时为校企合作单位招聘人才提供有利条件，我校将于2021年6月18日举行第十届大型校园招聘会，为用人单位与应届毕业生搭建双向交流选择平台。我们诚挚地邀请贵单位莅临我校，选聘英才。④

现将有关事项函告如下：

一、用人单位参会方式

请各参会单位于6月4日（周五）前与校就业处联系，预定招聘会展位，并将招聘信息及营业执照或法人证明扫描件发送至邮箱123456@163.com。校就业处将在校企微信和官网上提前发布参会单位的招聘信息，准备好企业招聘宣传海报。

二、校园招聘会时间

2021年6月18日（周五）13:00~15:30

三、校园招聘会展位安排

二产专业预设70个展位，安排在图信楼二楼大报告厅；三产专业预设30个展位，安排在图信楼一楼小报告厅。

四、联系方式

联系电话（传真同）：×××-××××××××

联系人：就业处×××处长

学校地址、邮编：××××学校（×市×区×街×号）110000

学校官网：www.abcde.com

我们热忱欢迎您的到来，携手合作，共创双赢！⑤

附件：××××学校招聘信息表⑥

主办单位：××××学校就业处

2021年5月25日⑦

旁注：
④ 正文分段写明邀请的缘由、目的、要求等。
⑤ 分条列项交代招聘会的具体时间、地点、联系方式等，并表达邀请的诚挚之情。
⑥ 正文下空一行左空两字编排附件，后标全角冒号和附件名称。
⑦ 正文右下方署主办单位和发出邀请日期，加盖公章。

✓ 任务实施

一、写作训练

"劳模工匠进校园"活动月到了，学校邀请到全国劳模到校开展宣讲，和我们分享他们求学求艺的经历。请以校学生处的名义给各班写一封邀请函，或选取手机小程序编辑一份电子版邀请函，邀请各班班主任老师和同学们参加劳模宣讲会。

写作要求：在写作任务手册中完成写作训练，语言简明得体，事项详细，格式正确。

二、课堂交流

书面的邀请函写好了，还需要向学校领导、老师、同学们正式地发出邀请。发出邀请时也要讲究礼仪，合乎礼貌，请同学们归纳出邀约时应注意的礼仪细节，以取得被邀请者的良好回应。

三、知识巩固

完成写作任务手册中的知识巩固，并参考任务评价标准，开展自评、互评与师评。填写任务总结，对本文体的学习进行总结与反思。

文体二 解说词

学习目标

了解解说词的特点和种类，掌握解说词的写法。

能够抓住解说对象的特征和本质，撰写解说词。

学习劳模事迹，弘扬工匠精神。

写作任务

在劳模宣讲会上，全国劳动模范与师生共话劳模精神、劳动精神、工匠精神，他们用感人的事迹和精彩的演讲让我们领略到了新时代劳模工匠的风采。

请你写一篇介绍劳动模范的解说词，宣传劳模事迹。

写作指导

一、解说词概述

（一）解说词的含义

解说词是用简明又形象的文字对人物、画面、展品或旅游景观等进行讲解、说明、介绍的一种应用文体。

（二）解说词的特点

1. 说明性

解说词通常是通过文字展示或口头解释的方式，配合实物或图画来描述人物、事物、景物的实情、状态和意义，起到解释说明的作用。

2. 文艺性

一篇好的解说词能够通过形象、艺术的语言描述来感染受众，发挥视觉的补充作用，增强其感染力。

（三）解说词的种类

根据解说对象的不同，解说词可分为：

1. 人物事迹解说词

人物事迹解说词介绍的对象主要是伟人、名人、先进人物，介绍的主要内容应包括人物的生平经历、身份、思想观念、所做出的贡献或成绩、社会评价等。

2. 文物古迹解说词

文物古迹解说词介绍的对象主要是名胜古迹、古代建筑或展览的古董文物等，一般是通过导游、讲解员的解说，让参观者在游历中重温历史，加深认知和感受。

3. 活动解说词

活动解说词介绍的对象主要是参加活动的人物或活动的场景，通过准确、生动的描述，展现活动现场的情况，感染观众或听众。

4. 电视专题片解说词

电视专题片解说词是对电视画面内容的文字解释和说明，主要用于纪录片、专题片等，通过声情并茂的解说描述来发挥补充视觉的作用。

二、解说词的格式写法

（一）解说词的写作格式

解说词包括标题和正文两个部分，一般采用段落格式行文，编辑时字体、字号不限。

1. 标题

解说词的标题可分为说明性标题和文学性标题。说明性标题一般由具体的解说对象和文种构成，如"长江三峡解说词""第十届运动会入场式解说词"等；文学性标题一般采用主副标题形式，主标题通常从解说对象的显著特点或鲜明的立场态度切入，选择传情达意、抓人眼球的凝练词语为题，用较大号字体写在首行居中位置，副标题由解说对象和文种构成，用较小号字体前加破折号写在主标题下行居中位置，如"忠诚——大型电视纪录片《祖国在召唤》解说词"等。

2. 正文

（1）开场白　解说词的开篇可以做简单的问候、欢迎，拉近与受众的距离，或对背景、现状做概括凝练的铺陈，加深受众的印象。

（2）主体　解说词的主体部分是针对解说对象做生动、形象的描述。解说词主体部分可以按照时间的先后、陈列的顺序、游览的踪迹或画面推移的顺序写作，每一件实物或一个画面成一段；也可以按照事物的内在逻辑关系，或为递进，或为主次，或为总分等结构写作。

（3）结束语　对整个解说过程进行总结，可以抒发情感、发出号召、提出希望等。

（二）解说词的写作注意事项

1. 了解解说对象

在写作的准备阶段，大量收集相关素材，深入研究解说对象，才能抓住解说对象的特征和本质，做到精准介绍。

2. 突出解说对象特征

在解说中应恰当地运用对比联想、点面结合、由表及里等方法，突出对象的特征、揭示对象的本质、说明对象的意义，保证解说质量。

3. 语言通俗易懂

解说词在规范严谨的前提下，要尽量写得通俗化、口语化，力求将抽象的事理形象化，高深的知识通俗化，静止的事物动态化，枯燥的东西生动化。

4. 发挥宣传教育意义

解说词要有真知灼见，对所解说的事物，或褒或贬，爱憎分明，这样的解说才能感染听众，收到宣传教育的效果。

三、人物事迹解说词的格式写法

（一）人物事迹解说词的写作格式

1. 标题

人物事迹解说词的标题由具体的解说对象和文种构成，如《感动中国人物解说词》；有时也可省略文种，直接以解说对象作标题，如《邓小平》。

2. 正文

（1）前言　简要地说明解说对象的概况，包括姓名、籍贯、身份、地位、主要贡献等。前言部分也可省略，直接进入主体部分的人物详述。

（2）**主体**　一般按时间顺序分段落介绍人物在各个时期的具体事迹，也可按内容的逻辑关系介绍人物各个方面的具体事迹。

（3）**结尾**　可以按照顺承结构自然结束，也可以用简短的评价回应全文。

（二）人物事迹解说词的写作注意事项

1. 翔实了解人物

要想刻画出真实又鲜明的人物形象，需要尽可能多地掌握素材和信息，深入挖掘人物的特点，这是写好解说词的前提。

2. 融入真实情感

从小事和细节着手，以情感人。"情"指的是真情实感，切忌堆砌华丽辞藻，过度的渲染会使人物本身脱离真实，给人矫揉造作之感。

3. 语言表达务实

人物事迹解说词一般采用叙述、说明式，只有在对人物作评价时才采用议论和抒情。表达要自然流畅，多采用生活化的语言，既形象生动又平实晓畅。

笔记区

例文评析

沈阳劳动模范纪念馆解说词①

欢迎大家来到沈阳劳动模范纪念馆参观。②

本馆是目前国内较大型劳动模范专题纪念馆，总面积3000余平方米，展览共分有七个部分，分别展现了沈阳各个历史时期的劳模风采和先进事迹，集中体现了爱岗敬业、争创一流、艰苦奋斗、勇于创新、淡泊名利、甘于奉献的劳模精神。③

我们眼前的这副大型浮雕是本馆七个部分的历史缩影。第一部分是反映解放初期，工厂恢复生产时的劳动场景；第二部分是"一五"时期，广大职工积极投身于社会主义劳动竞赛的场景；第三部分表现的是三年困难时期，沈阳在全国率先开展职工技术协作的场景；第四部分是"文革时期"，职工群众顶着压力坚持生产的场景；第五部分是改革开放初期，科技人员研制新产品的场景；第六部分是深化改革时期，职工群众为党分忧、攻坚克难的场景；第七部分表现的是进入新时代，职工群众苦干实干，振兴东北老工业基地的场景。整个浮雕彰显了劳动模范以主人翁的姿态艰苦奋斗，默默奉献，为沈阳老工业基地的建设和振兴做出了突出贡献。④

下面请跟随我一起去参观本馆的第一部分——顶天立地做主人。劳动模范是在党和政府领导的群众性学先进赶先进活动和社会主义劳动竞赛中涌现出来的先进模范人物。我国不同历史时期的千千万万劳动模范为国家富强、民族复兴、人民幸福建立了卓越功勋。⑤

劳动模范肇始于土地革命战争时期中央苏区的公营企业和革命竞赛。抗日战争时期，为打破日本帝国主义和国民党顽固派的军事包围和经济封锁，陕甘宁边区掀起了大生产运动，"自己动手，丰衣足食"成为边区干部、

① 标题由解说对象加文种构成。

② 正文以欢迎词开头，增强亲切感。

③ 总体介绍展馆概况和特色，给参观人员以整体印象。

④ 按游览路线和主次关系展开解说。确保展项和展示内容的连贯性，突出展示重点。

⑤ 根据展示内容做补充说明，传播历史文化知识，激发爱国、爱家乡热情，起到宣传教育的作用。

群众的响亮口号和奋斗目标。在大生产运动中,延安和敌后抗日根据地涌现出了一大批劳动英雄和先进模范人物。为了充分发挥劳动模范的带头、骨干和桥梁作用,延安《解放日报》多次发表社论,号召边区人民向赵占魁等劳动模范学习,掀起了一轮又一轮的生产竞赛热潮。⑥

……

昨天,一切辉煌历史都靠劳动来书写;今天,一切攻坚克难仍要靠劳动去实现。让我们在各自的岗位上,发扬劳模精神,用劳动托起中国梦。⑦

感谢大家的悉心聆听,沈阳劳模纪念馆欢迎大家再次光临,谢谢!

⑥ 配合展项做解说,尤其是展览解说必须科学、客观,尊重历史。

⑦ 卒章显志,突出主题。

任务实施

一、写作训练

为了使同学们更深刻地感受和体悟"工匠精神",校广播站将开设"劳模礼赞"专题节目,请你为广播站写一篇人物事迹解说词,介绍一位你熟悉的劳动模范,让同学们一起感受榜样的力量。

写作要求:搜集相关素材,深入了解解说对象,在写作任务手册中完成写作训练,突出最有价值的人物精神。

二、课堂交流

党的十八大召开以来,习近平总书记做出"广泛宣传劳模先进事迹,使劳模精神不断发扬光大"的号召。请同学们结合所学专业开展交流讨论,谈一谈在未来的工作岗位上我们该如何践行劳模精神、工匠精神。

三、知识巩固

完成写作任务手册中的知识巩固,并参考任务评价标准,开展自评、互评与师评。填写任务总结,对本文体的学习进行总结与反思。

文体三 消息

学习目标

了解消息的含义和特点,掌握消息的写作格式。

能够根据事实完成消息的写作。

积极宣传先进,学习先进,做正能量的传播者。

写作任务

"劳模工匠进校园"活动月已接近尾声,劳模精神也深深地烙印在同学们的心中。围绕学校开展的劳模宣讲、技能比武、主题班会等系列活动,各校都积极进行新闻宣传,来弘扬劳模精神、工匠精神。

请给学校宣传部写一则"劳模工匠进校园"系列活动的消息。

写作指导

文体讲解

一、消息概述

（一）消息的含义

消息是对新近发生的有社会价值的事实所进行的及时、简要的报道。消息是新闻报道中最常用的文体，人们通常把消息称作新闻。其实，广义的新闻包括消息、通讯、特写等，狭义的新闻专指消息。

（二）消息的特点

1. 事实性

消息的本源是事实，即事件发生过程中的本来面目。要先有事实，然后才有关于事实的新闻消息。只有报道客观的、真实的事件，才能体现新闻的意义。

2. 简要性

消息的篇幅通常是短小精练的，它既要便于迅速及时地报道新闻事实，又要便于阅读或聆听，所以消息要力求简明扼要。

3. 新鲜性

消息属于新闻范畴，报道的是新近发生的事实，而不是旧闻。只有新鲜，才能引起人们的兴趣和关注，才具有新闻意义。

（三）消息的种类

按照写作特点的不同，消息可分为动态消息、综合消息、经验消息和述评消息。

1. 动态消息

动态消息是对国内外新近发生或正在发生的新闻事实进行的报道。动态消息是反映新事物、新情况、新动向的主要消息体裁，如《中华人民共和国第一届职业技能大赛开幕》（新华社2020年12月11日）。

2. 综合消息

综合消息是围绕一个中心，把发生在不同地区或部门的具有类似性质的新闻事实结合起来进行的报道。综合消息涉及面广，要求占有全面、充分、典型的材料，多角度反映客观事物和人物面貌，如《护航新时代 修宪正当时——国际社会关注全国人大通过宪法修正案》（新华社2018年3月11日）。

3. 经验消息

经验消息是对某一单位或部门在工作上的成功经验所进行的典型性报道。它是经过综合、归纳、概括、提炼而成，反映事物发展变化的经验性、典型性，给人以启发、指导，如《国家卫健委专家解读新冠肺炎的救治经验》（中国青年报客户端2020年4月7日）。

4. 述评消息

述评消息是用夹叙夹议、边述边评的方式阐述重大事件，及时分析形势的报道。它既要报道新闻事实，又要以事实为核心做出分析、解释、评价，如《自主创新 追求卓越——新时代北斗精神述评》（新华社2021年12月9日）。

二、消息的格式写法

（一）消息的写作格式

消息一般包括标题、导语、主体、背景、结尾五个部分。其中，标题、导语、主体是构成一则消息必不可少的部分，写作时要设想并回答何时、何地、何人、何事、何故及如何的问题，这些问题就是构成新闻的六要素。背景和结尾可根据实际需要而定，有时还可以暗含在主体中。

1. 标题

标题是消息的眼睛，好的标题能够吸引读者阅读，帮助读者理解报道的事实。消息的标题要简明、准确地概括出消息内容，突出消息的主题。消息的标题有多行式、双行式和单行式。

（1）**多行式标题**　即由引题、正题、副题三部分组成，一般适用于重大的消息。引题又叫眉题、肩题，一般多作虚题，作用是交代背景，说明原因，解释意义或烘托气氛，用来引出正题；正题又称主题、母题，正题是标题的核心，要锁定新闻主题，作用是高度概括消息的内容，点明消息中最主要的事实或观点；副题又称辅题、子题，一般多作实题，作用是补充、注释和说明。一般正题的字号最大，多用黑体或华文仿宋体字居中排版，正式醒目；引题写在正题之上，副题写在正题之下，字号均小于正题，可采用不同字体以吸引读者注意。多行式标题如图2-3所示。

> 征求对经济工作的意见和建议
> **中共中央召开党外人士座谈会**
> 习近平主持并发表重要讲话　李克强通报有关情况　汪洋王沪宁韩正出席
> （《辽宁日报》2021年12月7日第1版）

图2-3　多行式标题

（2）**双行式标题**　即"引题+正题"或"正题+副题"，一般情况下，一个为实标题，另一个可虚可实。双行式标题如图2-4所示。

> **在激昂旋律中感悟领航新征程的磅礴力量**
> ——主题歌曲《领航》在全国各地广泛传唱、反响热烈
> （人民网－人民日报　2022年1月3日）

图2-4　双行式标题

（3）**单行式标题**　即只有一个正题，以叙事为主，简洁地概括出消息的主要事实。如《广西开办铁路》（《时务报》1896年创刊号）。

2. 导语

导语是消息的标志，是消息区别于其他文体的重要特征。一般情况下，消息的导语是消息的第一自然段或第一句话。在导语前常冠以"本报讯""××社××地×月×日电"等消息头，消息头后紧接导语内容。导语内容要具备三个或三个以上新闻要素，简明、生动地介绍出新闻最重要、最精彩的事实，帮助读者开篇即能够把握消息的宗旨，吸引读者的阅读兴趣。

消息写作中最常采用"倒金字塔"结构，就是把新闻要素中最重要的内容写在导语中，在下面的部分对导语做补充和展开，或按重要性依次递减的原则报道新闻事实。

3. 主体

消息的主体是消息的躯干，紧接导语后，导语中未提及而又能表现新闻主题的事实和其他要素，由主体补充，一般按时间顺序或逻辑顺序对事实做全面、清晰的阐述。

4. 背景

消息的背景又称为"事实背景"，分为人物背景、地理背景、历史背景和事物背景四种。写消息有时要单独交代背景，或适当穿插在主体中介绍背景，目的在于帮助读者深刻理解新闻的内容和价值，起到衬托、深化主题的作用。

5. 结尾

消息结尾的写作比较灵活，通常以事实结尾，事实讲到哪里，消息就在哪里结尾；或者对前文所报道的事实予以补充或引申，以启发读者思考；或对新闻事实的意义进行点评，揭示复杂事实的本质。好的结尾可以使消息的主题更鲜明，增加回味。

（二）消息的写作注意事项

1. 用事实说话

用事实说话是消息写作的基本方法，事实是最有说服力和感染力的。事实的内容是客观的，消息报道的形式也是客观的，消息中的议论也是从事实本身得出来的结论，强调反映事实的本质，不能抽象推理。

2. 以叙述为主

消息通常不对人物事件作浓墨重彩、精雕细刻的描写；也少用直接议论和抒情，叙述是其主要的表达方式。

3. 简明扼要，一事一报

消息的篇幅较短，一则消息只报道一个新闻事实。消息的正题一般不超过14字；导语字数一般不超过80字；消息的内容多用短句，少用长句，多用单句，少用复句；一般性消息不超过600字；重要消息不超过900字；特殊消息不超过1200字。

4. 迅速采写发稿

消息的时效性最强，对"时间新"的要求最高，要求争分抢秒，迅速完稿，立马可待。

文体辨析

笔记区

例文评析

10吨果蔬驰援西安交大①

陕西省首届劳模工匠班学员助力母校抗疫②

来源：工人日报-中工网　2022年01月03日

中工网讯（记者毛浓曦　通讯员阎瑞先）白菜5吨、萝卜2.5吨、蒜苗600斤、梨100箱、苹果180件……近日，满载蔬菜和水果的两卡车物资经过长途跋涉，到达西安交通大学兴庆校区。这是陕西省首届劳模工匠学历提升班全体学员为母校捐赠的近10吨新鲜蔬菜和水果，助力母校师生抗疫。③

2020年年初，陕西省总工会和西安交通大学签署战略合作协议，从全省劳动模范、大国工匠中选拔出45人参加考试并录取为西安交通大学现代远程（网络）教育首届陕西省劳模工匠学历提升班学员。当年9月17日，陕西省首届劳模工匠学历提升班在中国西部科技创新港正式开班，全国劳模、大国工匠张新亭，全国劳模、赵梦桃小组组长何菲，全国劳模、"动车医生"董宏涛等名列其中。④

2021年年底，在西安新冠病毒防控形势严峻复杂之际，西安交通大学全体师生全力抗疫，让劳模工匠班学员十分牵挂。班长董宏涛、副班长李强、宣传委员何菲等班委会成员紧急商议后决定：向全体学员发起助力母校抗疫捐款倡议，号召大家献出自己的一份爱心，为母校抗疫工作贡献绵薄之力。

① 引题为实题。

② 正题为实题，用最精练的文字标出新闻事实。

③ 第一自然段为导语，将最重要的事实简要概括出来，吸引读者兴趣。

④ 围绕整个事件做具体详细的叙述，穿插交代事件背景。

倡议发出后，短短半天时间便筹集款项3万余元，得知消息后，班主任王璐也捐助了1000元。最终他们集体决定，采购学校急需的物资——蔬菜和水果。

2021年12月27日，劳模工匠班学员、渭南市华州区众一果蔬专业合作社负责人董瑛飞负责连夜组织人员到蔬菜大棚采摘白菜、萝卜等，并联系采购水果，同时第一时间联系运输工具，以最快时间把学校急需的大约10吨蔬菜及生活用品送到母校。⑤

交接现场，西安交通大学继续教育学院院长邱德海对劳模工匠班学员心系母校、倾情相助表示感谢。西安交通大学后勤饮食中心主任吴兴兵高兴地说："这真是雪中送炭，增加了全校师生抗疫的力量和信心。"⑥

⑤ 按照时间顺序，充分展开导语，使之具体化，令主体更丰满、充实、明了。

⑥ 以事实作结尾，材料典型，主题思想更明确。

✅ 任务实施

一、写作训练

学校的微信公众号是宣传思想文化、聚焦新闻热点的主要阵地，借"劳模工匠进校园"的契机，选取"劳模工匠进校园"系列活动其一，帮学校宣传部写一则校园消息，以劳模工匠精神催人奋进。

写作要求：在写作任务手册中完成写作训练，消息应事实准确，格式规范，新闻要素完备，语言简练。

二、课堂交流

随着自媒体时代的到来，人人都是新闻的传播者，人人都是舆论的监督者。一个人的小媒体能焕发出巨大的能量，传播正能量是自媒体浪潮中的每个人应尽的责任和义务。请结合热门新闻话题，谈一谈在自媒体时代应该如何发声？

三、知识巩固

完成写作任务手册中的知识巩固，并参考任务评价标准，开展自评、互评与师评。填写任务总结，对本文体的学习进行总结与反思。

03 求职篇

丰富多彩的中职生活已接近尾声，同学们即将步入工作岗位。在竞争激烈的社会，尤其是就业形势严峻的今天，机会总是垂青主动的人，所以再优秀的人，也要学会自我推销，推销自己就要用到相关的应用文。例如，求职信是求职的敲门砖，是通往面试的有效途径，简历是获得职位的关键环节。签订就业协议时的协议书，工作中的个人鉴定、职业生涯规划书、实习报告等相关的应用文体都是职场中必备的工具。

本篇将求职主题与应用文写作进行结合，设计出两个常见的且具有时代特征的情境，把求职信、简历、就业协议书三种应用文体的写作融入"应聘面试"的情境中，把个人鉴定、职业生涯规划书、实习报告的写作与"岗位实习"活动相联系，更好地服务于求职，突出应用文写作的实用性。

情境一 应聘面试

学习情境

党的十八以来，以习近平同志为核心的党中央把职业教育摆在了前所未有的突出位置，职业教育得到了党和政府的高度重视与大力支持。目前，我国高素质技能型劳动者非常短缺，走技能成才之路，是报国、强国之举。

在这样的就业前景下，同学们想要找到一份称心的工作概率是很大的。在求职时，要先准备好专门写给心仪企业的求职信，带上自己的简历参加面试，面试成功后，签订就业协议书。

文体一 求职信

学习目标

了解求职信的特点，掌握求职信的格式写法。

能够独立撰写规范的求职信。

培养健康、积极的求职心态，增强求职信心。

写作任务

毕业临近，如果你向往的企业正在招聘，你很想获得这次机会，那么一封求职信就非常重要，因为求职信反映的是一个人所具备的知识、技能、经验和态度，是向用人单位推荐自己的第一关。

请结合自己的优势，给你心仪的企业写一封求职信。

写作指导

一、求职信概述

（一）求职信的含义

求职信是求职者以书信的形式，有针对性地向用人单位介绍自己的学识、才能、经历等情况，并申请获得某个工作岗位的应用文书。

（二）求职信的特点

1. 针对性

求职信要针对求职单位的性质、特点、需求，充分展示自己的特点、才能和潜力，不写与求职无关的内容。

2. 诚恳性

求职信写作时，态度要诚恳、得体，不能给招聘方高高在上的感觉，也不能过于谨小慎微，让应聘者觉得信心不足。

3. 自荐性

求职信的目的就是推荐自己，要突出求职者的优势，展示自己与别人的不同之处，匠心独运，以吸引招聘方的青睐。

（三）求职信的种类

从求职者是否获得招聘信息的角度分，求职信可分为以下两种：

1. 自荐求职信

自荐求职信是指求职者在未获得准确用人信息的情况下，主动写给用人单位的带有自我推荐性质的求职信。

2. 应聘求职信

应聘求职信是有针对性地写给某个单位，以谋求特定职位的求职信。

二、求职信的格式写法

（一）求职信的写作格式

求职信一般包括标题、称谓、问候语、正文、落款和附件六部分。求职信的字体、字号虽不做统一要求，但全篇不要超过两种字体，字号大小要适合阅读。

1. 标题

求职信的标题直接写文种名称"求职信""自荐信"或"应聘信"，写于首行正中位置。

2. 称谓

求职信不同于一般的私人信件，和收信人没有见过面，称谓书写须规范、得体。

在标题下一行顶格位置写单位名称或联系人、负责人姓名，前可加敬语"尊敬的"，后加相应职务全称，称谓后接全角冒号。如"×××智能软件开发集团""尊敬的××人力资源部部长"。

3. 问候语

问候语是向收信人表达问候的礼节用语，在书信中写于称谓下一行左空两字位置，独立成段。

4. 正文

正文是求职信的主体，也是求职信的重点，一般包括三部分：

（1）开头　主要介绍个人的基本情况和求职意向。个人基本情况包括身份、年龄、学历、专业以及毕业院校，无论是自荐信还是应聘信，一份求职信只能列一个意向岗位。

（2）**主体**　即求职条件，这是求职的关键。求职信的主要目的就是向用人单位推销自己，求职者要善于扬长避短，针对求职岗位，展现自身的专业特长、相关资历、综合能力以及潜在的能力和优点。总之，要力求全方位立体展示，突出优势，引起用人单位的注意。但在陈述求职条件时，一定要恰如其分，过于卑怯或浮夸都是不可取的。

（3）**结尾**　再次表达希望被录用的愿望，展望美好的前景，或表示敬意、祝愿等。

5. 落款

在正文右下方写上求职人姓名，可以用"敬上"或"谨呈"等词以示礼貌和谦逊。姓名下面署成文日期，日期要年、月、日俱全。如用打印稿，在求职人姓名处最好使用亲笔签名。

6. 附件

在求职信后可以附有证明个人能力的有用材料，如毕业证、学位证、职称证、职业资格证书以及各类获奖证书的复印件等。这样既方便招聘单位的审核，同时也给对方留下一个"有条不紊、办事周到"的好印象。

（二）求职信的写作注意事项

1. 知己知彼，有的放矢

写作求职信之前，应尽可能做到对用人单位及其用人要求有较多的了解，以便对照自己的情况，有针对性地陈述自己的求职意向和求职优势，突出自己对用人单位的正面印象。

2. 充满自信，态度诚恳

写作求职信，既要表现出足够的自信，但又不能自我欣赏、自吹自擂；既要表现出恳切的心情，又要表现出应有的持重和自尊。用语要谦敬得体，措辞要讲究分寸感。

3. 言简意赅，引人入胜

求职信最直接的功用，是为自己争取一个参加面试的机会。在竞争日趋激烈的今天，每个岗位都会吸引不少的求职者，招聘人员阅读求职信的工作量很大，求职信过长会使其效度降低。因此求职信的篇幅要短，切忌面面俱到，要重点突出自己与用人单位和应聘岗位最有关系的内容。

笔记区

📝 例文评析

求职信①

尊敬的××公司总经理：②

　　您好！

　　我从学校企业微信中看到贵公司的招聘信息，怀着对贵公司的信任与仰慕，写信自荐，希望能够应聘贵公司的维修技师岗位，发挥所长，实现价值。③

　　我是×××学校机械制造技术专业的学生，将于今年7月毕业。在校学习期间，我努力学习专业课程，并取得了优异的成绩。为了提升自己的专业动手能力，我参加了学校的技能班培训，强化了车工、钳工、普铣等专业技能。在2021年省×××杯技能大赛中，代表学校摘得车工项目组金奖。④

① 标题"求职信"用二号字体居中。
② 称谓左侧顶格位置直接写明联系人，前加敬语。

③ 说明求职缘由及求职意向。

④ 介绍自己的学业情况，重点介绍专业能力，突出应聘优势。

在精进专业的同时，我也积极参加社会实践。学校社团活动中，我参加过敬老、爱老的志愿者服务；疫情期间，我成为社区的防疫宣传员；假期做过服务员、发单员。这些社会实践增加了我的生活阅历和工作经验，也锻炼了我的意志，让我成为一个能吃苦、有担当的人。⑤

如果有幸能成为贵公司的一员，我将发挥敬业精神和团队合作精神，在本职岗位上做出成绩。希望能得到贵公司面试的机会，静候佳音。⑥

此致
敬礼！

附件：1. 毕业证书复印件
　　　2. 中专在校成绩单复印件
　　　3. 技能大赛证书复印件⑦

王小奇敬上
2021 年 6 月 25 日⑧

⑤介绍社会实践能力，突出吃苦耐劳精神。

⑥表达自己的求职愿望和决心，态度诚恳。

⑦"此致"左空两字位置，独占一段，后无标点；"敬礼"转下行顶格写，后只能接叹号。下空一行标注附件名称。

⑧落款、署名日期。规范工整。

✅ 任务实施

一、写作训练

同学们，期待已久的招聘会就要开始了，你向往的企业正在招聘中，如果你想获得心仪企业的面试机会，请结合自身的实际情况，写一封求职信。

写作要求：在写作任务手册中完成写作训练，求职信应格式正确，语言精练，突出优势。

二、课堂交流

请同学们尝试进行换位思考，说一说如果你是招聘方，最看中应聘者的什么条件，你自己是否符合。学会了换位思考，我们再想一想下一步应该如何去做，才能赢得招聘方的青睐，增强求职信心。

三、知识巩固

完成写作任务手册中的知识巩固，并参考任务评价标准，开展自评、互评与师评。填写任务总结，对本文体的学习进行总结与反思。

文体二　简历

🖥 学习目标

了解简历的特点，掌握简历的写作技巧。

能够根据个人情况独立制作个人简历。

客观地认识自我，评价自我，培养良好的职业态度。

写作任务

要想在众多求职者中脱颖而出，简历制作是相当关键的一步。用人单位可通过简历的信息，对求职者进行初步的资格筛选，求职者最终能否获得面试机会，个人简历起着至关重要的作用。

面试即将开始，请同学们结合自身的实际情况，制作一份属于自己的个人简历。

写作指导

一、简历概述

（一）简历的含义

简历是介绍个人身份、履历、学业资历和工作经历等情况的应用文书。它表明应聘者拥有能够满足特定工作要求的技能、态度和资质，任何一家用人单位想要全面了解求职者，都是从简历开始的。

（二）简历的特点

1. 真实性

写简历时一定要客观、真实、准确地介绍自己的身份，总结学习及工作经历，说明学业资历，不夸大、不缩小、不编造，这样才能取信于人。

2. 针对性

简历的内容不需要把自己的所有情况全部罗列出来，要针对应聘的单位和岗位，陈述有用的信息。

3. 独特性

简历在遵循一般写作规范的前提下进行个性化的创意。求职者要为具体的职位"量身打造"简历，越是针对性强的、富有创意的简历越容易引起关注。

（三）简历的种类

从形式内容上划分，简历有以下几种类型：

1. 时序型简历

时序型简历是最简单的简历类型，一般逆时间顺序逐条列举个人信息，强调求职者的工作经历和能力。这种类型的简历适合有丰富的工作经验的求职者，不适合毕业生使用。

2. 专业型简历

专业型简历一般包括个人基本情况、学历、成绩等几部分，求职者的能力和特长是核心内容。这种类型的简历更适合毕业生或某方面专业能力突出的求职者。

3. 业绩型简历

业绩型简历重点强调求职者在以前工作中取得的成就、成绩。这种类型的简历适合有工作经验且取得过诸多成绩的求职者。

4. 创意型简历

创意型简历突出求职者的个性，通过标新立异的形式表现创造力和想象力。这种类型的简历不拘于书面、文字形式，适合于设计、策划、影视等求职岗位。

二、简历的格式写法

（一）简历的写作格式

简历一般由标题和正文两部分组成，字体没有固定要求，各栏标题可用粗体字突出，字号大小要适合阅读，排版要美观、整洁。

1. 标题

标题写在首行正中位置，可直接用"简历"二字，也可以用人名加上简历构成，如《×××的简历》。

2. 正文

简历的正文部分一般包括以下四个部分内容：

（1）**个人基本情况**　应列出自己的姓名、性别、年龄、籍贯、政治面貌、婚姻状况、健康状况、身高、爱好与兴趣、家庭住址和联系方式等。

（2）**学历情况**　应写明毕业院校、所学专业、毕业时间等，曾在××学校××专业或学科学习，以及起止期间，并列出所学主要课程及学习成绩，所获得的各种奖励和荣誉等。

（3）**工作资历情况**　若有实习、工作经历，最好详细列明，先列出最近的资料，然后详述曾经工作的单位、日期、职位和工作性质。

（4）**求职意向**　表明你通过求职希望得到什么样的职位，可以和个人特长等结合写在一起。

（二）简历的写作注意事项

1. 个人简历重在"简"

最成功的简历要简短而富有感召力，突出你的能力、成就以及竞聘的优势，使招聘人员确定你能够胜任这份工作。尽量运用动作性短语使语言更加鲜活有力，在简洁、醒目上下功夫，篇幅最好控制在一页 A4 纸范围内。

2. 针对岗位突出要点

简历应针对不同的用人单位和职位，进行形式和内容上的设计。比如外企更重视英语水平和专业能力，国有企业更看重学历和资质，越是热门的公司往往对应聘者在校成绩更关注。

3. 注意数据准确和表达文字正确

具有争议的数据和文字建议不要轻易用在简历上，连篇的数据往往让招聘者忽略你的存在；错别字会让招聘者认为你的态度敷衍，往往会被一票否决。用词带过多感情色彩、语言文字表达不规范、语句过长无重点和格式杂乱都是大忌。

4. 简历内容要务实

简历应按照实际情况填写，不要使用空话、虚话，更不能弄虚作假。

5. 附有近期照片

简历上要附有你的一张近期职业照，展现求职者良好的气质和饱满的精神，让招聘方直观地获取良好的第一印象。

 例文评析

个人简历

姓　　名	赵司	出生年月	2002 年 4 月	照片
性　　别	男	政治面貌	团员	
身　　高	178cm	体　　重	75kg	
学　　历	大专	专　　业	机械制造技术	
毕业学校	××市×学校①			

① 简历第一部分针对应聘企业的岗位需求罗列个人基本情况。

（续）

联系方式②			
联系电话	133××××××××	电子邮箱	33561111@qq.com
通讯地址	××市××区××街道2号	邮　编	110024
专业特长③			
计算机：能够熟练操作办公室自动化软件，CAD绘图 专业技能：能熟练操作CA6140车床，会车阶梯轴、螺纹、内外圆；掌握磨、钻、削等钳工工艺；会焊连简单并串联电路；识图、绘图能力强 专业证书：高级车工技能证、中级电工证			
个性爱好④			
本人性格外向，乐观开朗；热爱班级，团结同学，服从学校管理，能吃苦耐劳；酷爱打篮球，人称"篮板王"；擅长短跑，在校运动会上获得过200米亚军；有驾照			
自我评价⑤			
作为初学者，我具备出色的学习能力并且乐于学习，敢于创新；作为参与者，我具备诚实可信的品格，富有团队合作精神。作为一名有志青年，我甘愿吃苦受累，努力实现自身价值			

② 突出强调联系方式，便于与企业沟通，要确保信息准确无误。

③ 突出专业特长和能力，清晰明了。

④ 性格介绍，加深印象。

⑤ 总结概括，表达自己的期望。

✓ 任务实施

一、写作训练

简历就是将求职者的经历、能力、性格等简要地列举出来，反映出求职者的优点及能力，请根据自己的实际情况设计一份电子版个人简历。

写作要求：在写作任务手册中完成写作训练，有针对性地介绍个人基本情况，突出专业优势和能力。

二、课堂交流

对于经验丰富的人力资源专员来说，短短几分钟，甚至几十秒，即可从简历中了解到求职者的职业态度。请同学们合作探讨一下，人力资源专员是从哪些细节中对求职者做出判断的，这些细节你在设计简历的时候有没有注意到呢？

三、知识巩固

完成写作任务手册中的知识巩固，并参考任务评价标准，开展自评、互评与师评。填写任务总结，对本文体的学习进行总结与反思。

文体三　就业协议书

💻 学习目标

了解就业协议书的含义，掌握就业协议书的订立原则。

能够把握签约注意事项，按法定程序签订就业协议书。

树立平等、自愿、守信的契约精神。

写作任务

同学们在求职应聘成功后，走上工作岗位之前，要与学校和用人单位签订就业协议书，这就需要同学们充分了解就业协议书。

请把握签订就业协议书的注意事项，学会签写就业协议书。

写作指导

文体讲解

一、就业协议书概述

（一）就业协议书的含义

就业协议书是为明确毕业生、用人单位、毕业生所在学校三方在毕业生就业工作中的权利和义务，经过协商签订的协议。

就业协议书是学校派遣毕业生的依据，在学生毕业离校前，学校将根据就业协议书的内容开具毕业生就业报到证和户口迁移证，同时转递学生档案。如果毕业生未签订就业协议书，学校将把其关系和档案转递回原籍。

（二）就业协议书的特点

1. 一致性

就业协议书是毕业生、用人单位和毕业生所在学校三方的民事法律行为，必须毕业生、用人单位、毕业生所在学校三方意思表示相一致才能成立。

2. 平等性

就业协议书的当事人，一方是毕业生，另一方不论是行政事业单位还是其他任何单位，毕业生和用人单位的法律地位一律平等，没有上下和高低之分。

3. 明确性

就业协议书是当事人为确立一定的民事权利义务关系而订立的。民事权利义务应当明确。不发生任何法律后果、不涉及当事人之间权利义务的协议是没有法律意义的。

4. 法律性

就业协议书既然是当事人依法达成的，就会产生相应的法律后果，因而对当事人都具有法律约束力，同时也得到国家法律的承认与保护。因此，当事人必须认真、严格地履行各自应承担的义务。

二、就业协议书的格式写法

（一）就业协议书的写作格式

就业协议书的结构一般包括毕业生基本情况、毕业生意见、用人单位基本情况、用人单位意见、用人单位上级主管部门意见、学校基本情况、学校毕业生就业部门审核意见、备注八部分。

（1）毕业生基本情况　包括姓名、出生年月、政治面貌、健康情况、毕业时间、家庭住址、毕业院校、专业、学制、联系电话等。

（2）毕业生意见　毕业生应明确自己的应聘要求和态度，并亲笔签名。

（3）用人单位基本情况　包括单位名称、单位隶属、通讯地址、档案转寄详细地址等。填写时，单位名称与单位公章一致，无独立用人权的单位需在单位隶属栏填写上级主管部门信息并盖章。

（4）用人单位意见　应签"同意录用"等字样并盖上公章，注意公章应与用人单位名称一致。

（5）用人单位上级主管部门意见　如果用人单位无用人自主权及户口档案托管权，则此栏须由用人单位上级主管部门或单位所在地人事、教育主管部门或人才服务中心等部门签署意见并加盖公章。

（6）**学校基本情况** 包括学校名称、学校地址、联系人、联系电话、邮政编码等。联系电话统一填写就业处电话。

（7）**学校毕业生就业部门审核意见** 统一填写"同意"并加盖所在学校公章。

（8）**备注** 用人单位若无要求，毕业生可以不填写此项。如有需要，可简单填写相关内容，如与用人单位有其他协议外协定，务必填写备注栏。主要内容可以包括：签约年限、违约条件与违约责任、违约金、社会保险等。

（二）就业协议书的写作注意事项

1. 查明用人单位的主体资格

签订就业协议书的当事人必须具备合法的主体资格，一般而言用人单位必须具有从事各项经营或管理活动的能力，单位应有录用指标和录用自主权。

2. 注意与劳动合同的衔接

由于毕业生就业协议书签订在先，为避免在日后订立劳动合同时产生纠纷，应尽可能将劳动合同的主要内容体现在就业协议书的约定条款中，并明确表示在今后订立劳动合同时应予以确认。

3. 对就业协议书的解除条件做事先约定

毕业生就业协议书一经订立，就对当事人具有约束力，不得随意解除，否则应承担违约责任。

文体辨析

笔记区

例文评析

××省2021年中等专业学校、技工院校
毕业生就业协议书

<table>
<tr><td rowspan="5">毕业生基本情况</td><td>姓名</td><td>张×</td><td>性别</td><td>女</td><td>出生年月</td><td colspan="2">×年×月</td><td>政治面貌</td><td>团员</td><td>健康状况</td><td>良好</td></tr>
<tr><td>毕业学校</td><td colspan="2">×市×技术学校</td><td>学制</td><td colspan="2">三</td><td>专业</td><td colspan="4">机电技术应用</td></tr>
<tr><td>家庭住址</td><td colspan="3">×市×区×街道×栋</td><td>联系电话</td><td colspan="6">1314456××××①</td></tr>
<tr><td colspan="11">本人意见：

本人同意到××机床公司工作。②

 （签字）
年　月　日 </td></tr>
</table>

<table>
<tr><td rowspan="5">用人单位基本情况③</td><td>单位名称</td><td colspan="2">××机床公司</td><td>单位性质</td><td>国有</td></tr>
<tr><td>联系人</td><td>丁××</td><td>联系电话</td><td>1816667××××</td><td>合同期限</td><td>一年</td></tr>
<tr><td>通讯地址</td><td colspan="4">××省××市××经济开发区××路123号</td></tr>
<tr><td>薪资待遇</td><td colspan="4">试用期3个月，3100元/月。转正后3500元/月。</td></tr>
<tr><td colspan="2">用人单位及主管部门意见：

同意录用④

××机床公司（公章）
年　月　日</td><td colspan="3">用人单位所在地毕业生就业主管部门意见：

（公章）
年　月　日</td></tr>
</table>

① 毕业生基本信息由毕业生本人填写，要求工整，清晰。

② 毕业生意见必须有同意字样。

③ 用人单位基本情况由用人单位填写，单位名称写全称。

④ 用人单位及主管部门意见，签"同意录用"，并盖上公章，公章应与用人单位名称一致。

(续)

学校审核意见	学校名称	×市×技术学校	电话	0××-2567××××
	通讯地址	××省××市××区××街××号	联系人	杨老师⑤
	学校毕业生就业部门审核意见： 同意⑥ （公章） 年 月 日			
备注⑦	1. 用人单位如无主管部门，只需要用人单位公章即可； 2. 省内毕业生异地就业，应出具就业所在地毕业生就业主管部门意见； 3. 省内毕业生外省就业，应出具就业所在地省级毕业生就业主管部门意见； 4. 本协议经各方签字、盖章后生效，如有一方提出更改，须征得其他两方同意，违约责任由违约方承担； 5. 本协议一式四份，毕业生、用人单位、毕业学校、省毕业生就业主管部门各一份。			

⑤ 学校基本信息填写，由学校负责就业老师填写。
⑥ 学校审核意见，填写"同意"，盖上学校公章。

⑦ 备注，补充相关协议内容。

✅ 任务实施

一、写作训练

请同学们把握签订就业协议书的注意事项，模拟实习生、学校和用人单位的身份签署就业协议书。

写作要求：在写作任务手册中完成写作训练，如实填写毕业生基本情况栏，模拟身份填写用人单位和学校意见栏信息。

二、课堂交流

同学们在实习期签订了就业协议书，拿到毕业证后就会签订正式的劳动合同。有的同学问："签订了就业协议书是不是就不用再签订劳动合同了呢？"请同学们讨论就业协议书与劳动合同的区别，并给出正确的回答。

三、知识巩固

完成写作任务手册中的知识巩固，并参考任务评价标准，开展自评、互评与师评。填写任务总结，对本文体的学习进行总结与反思。

情境二 岗位实习

📘 学习情境

岗位实习是实践教学的重要环节，是技术应用能力综合训练和提高的重要阶段，是毕业前为适应就业而进行的一次实训演练。随着就业制度的改革和教学改革的深入，毕业生到生产单位岗位实习已成为产学结合的一种重要形式。

在岗位实习中，为了提升专业水平和职业素养，体验目标工作的具体内容以及积累社会经验与阅历，同学们要定期进行个人鉴定，在自我分析中进行职业生涯规划，最后撰写实习报告，为就业打下坚实的基础。

文体一 个人鉴定

学习目标

掌握个人鉴定的含义和写作注意事项。

能够撰写客观、全面的个人鉴定。

实事求是，认识自我，找到自身的闪光点。

写作任务

个人鉴定是个人给用人单位的第一印象材料，所以同学们应该高度重视，实事求是，恰如其分地写好个人鉴定。这不仅有利于同学们今后的发展和提高，也有助于同学们尽快实现择业目标。

请同学们根据自己的表现写一份个人鉴定。

写作指导

一、个人鉴定概述

（一）个人鉴定的含义

个人鉴定是个人对自己在一个时期或一个阶段内的工作、学习及政治思想方面的实际表现进行概括性鉴定评价的应用文体。

（二）个人鉴定的特点

1. 规范性

按照规定格式书写。

2. 客观性

要实事求是，正视缺点，成绩不夸大，问题不掩饰，前后统一。

3. 准确性

表述要简洁、具体，不可笼统、抽象、含糊。

（三）个人鉴定的种类

按照鉴定时段的不同，个人鉴定可以分为以下几种：

1. 毕业鉴定

毕业生毕业时对自己在校期间做出一个自我评价，总结自己在校期间各方面的优缺点。

2. 实习鉴定

实习人员对自己在实习期间的工作表现做出自我评价，概述自己所得。

3. 工作鉴定

参加工作后，经历一段时间，对自己的工作表现做出自我评价，克服不足，发扬成绩，展望未来。

二、个人鉴定的格式写法

（一）个人鉴定的写作格式

个人鉴定一般由标题、被鉴定人基本情况、鉴定内容、结尾四个部分组成。

1. 标题

标题一般直接写"自我鉴定"或"个人鉴定",也有的标题由鉴定时间和文种名构成,如《第一学期自我鉴定》;如果填写个人鉴定表格,则不必再写标题。

2. 被鉴定人基本情况

被鉴定人基本情况的介绍,要写得简明,准确无误。一般包括其姓名、性别、年龄、民族、政治面貌、职务或职称、经历等内容。这些内容要有机地融于一段完整的说明性文字之中。

3. 鉴定内容

鉴定内容是撰写的重心。它要求本人对自己在一定时期的实际表现和优缺点,做出客观、准确、完整的评定。写作时,要注意层次顺序,不能杂乱无章,可从政治素质、业务能力、工作态度、工作实绩和廉洁自律等方面分条陈述。对缺点和不足,要重点写清整改方向。

4. 结尾

个人鉴定的结尾署姓名和日期。如果是打印的文稿,下面的姓名落款最好本人用笔书写,以示严谨和真实性。

(二)个人鉴定的写作注意事项

1. 条理清楚

要按照个人鉴定的格式写法书写,不要标新立异。每个部分的内容不要平均分配,既要有条理,又要有重点。

2. 语气适中

鉴定内容要写得恰到好处,不偏不倚。写优点时,不能太谦虚,也不能太夸大;写缺点时,不能含糊其辞。

3. 语言忌华丽

个人鉴定需要平直的语言,叙述和评论是其写作主要手法,其他写法一般不用。

4. 前后统一

个人鉴定不能前后矛盾,要保证内容的一致。

笔记区

例文评析

个人鉴定①   ① 标题由文种构成,首行居中。

本人三年的中专学习生涯,一直以严谨的态度和饱满的热情投入学习和实践中,经过良师的悉心教导和自己的刻苦努力,顺利完成了学业,在思想上和学习上都取得了质的飞跃。②

② 正文先概括三年的收获。

思想方面,我积极要求进步,平时注重政治思想学习,拥护党的路线、方针、政策,遵纪守法,具有良好的社会公共道德和职业道德,有较强的集体荣誉感及团队协作精神,能尊敬师长,团结同学,助人为乐。

学习方面,我热爱所学专业,并投入了极大的热情,通过扎实学习数控专业的各门课程,我系统地掌握了本专业所必需的基本理论、技能。在此基础上,结合专业特点及工作实际需要,我加强了英语、计算机等能力的锻炼,为更好地从事数控工作,打下了坚实的基础。③

③ 分自然段从思想、学习两方面来进行自我评价,认识自身的闪光点,展示自我成长。

通过三年的学习,我具备了一定的自学能力、创新能力和团队合作精神。今后，我将以饱满的热情、坚定的信心，更好地将所学知识运用到工作中。④

④ 结尾处进行总结，表决心。

鉴定人：李小明
2021 年 7 月 1 日 ⑤

⑤ 右下角署上鉴定人姓名和日期。

✅ 任务实施

一、写作训练

随着专业的精进，阅历的丰富，每一位同学都会有所成长，有所收获。请根据自己来到中职学校后思想、学习、工作等方面的变化，写一篇个人鉴定。

写作要求：在写作任务手册中完成写作训练，格式正确，条理清晰，语言简洁流畅。

二、课堂交流

以小组为单位，组员们互相交流，说说每位同学的优点，本着实事求是的原则，让同学们重新认识自我，找到自身的闪光点。

三、知识巩固

完成写作任务手册中的知识巩固，并参考任务评价标准，开展自评、互评与师评。填写任务总结，对本文体的学习进行总结与反思。

文体二 职业生涯规划书

💻 学习目标

了解职业生涯规划书的含义，掌握职业生涯规划书的写作格式。

能够制定科学、合理的职业生涯规划。

全面认识自己，树立正确的职业价值观。

🏷 写作任务

作为一名即将步入职场的中职生，职业不仅仅是谋求生存的手段，更是我们一生的追求。从现在开始，我们每个人都应该设计好人生目标，有目的地规划自己的未来，做好职业生涯规划。

请同学们在认识自我、了解自我的基础上，进行职业生涯的规划。

✉ 写作指导

一、职业生涯规划书概述

（一）职业生涯规划书的含义

职业生涯规划书，是在对个人职业生涯的主客观条件进行测定、分析、总结的基础上，对自己的兴趣、爱好、能力、特点进行综合分析与权衡，确定自己的职业奋斗目标，并为实现这一目标制定出行之有效

文体讲解

的计划方案。

（二）职业生涯规划书的特点

1. 发展性

职业生涯规划书有明确的发展目标和具体的发展措施，而且在人生发展的每个阶段，都要不断地进行调整，以实现人生追求的最终目标。

2. 阶段性

人的职业生涯分为不同阶段，每一个阶段都是前一个阶段的延续，同时也都为后一个阶段做铺垫，这都体现在职业生涯规划书中。

3. 可行性

职业生涯规划书的目标定位要以事实为依据，并非是美好幻想或不着边际的梦想，否则将会延误职业生涯发展的机遇。

4. 灵活性

规划未来的目标与行动，涉及很多不确定的因素，因此，职业生涯规划书中的各项方案计划是灵活的，可变通的，以备随时调整。

（三）职业生涯规划书的种类

按照规划的时间维度，职业生涯规划书可以分为：

1. 短期职业规划书

指2年以内的规划，主要是确定近期目标，规划近期完成的任务。如对专业知识的学习，2年内掌握哪些业务知识等。

2. 中期职业规划书

一般为2~5年内的目标与任务，是最常用的一种职业生涯规划。

3. 长期职业规划书

指5~10年的规划，主要设定较长远的目标。

4. 人生规划书

整个职业生涯的规划，时间长至40年左右。它设定了整个人生的发展目标和阶梯。

二、职业生涯规划书的格式写法

（一）职业生涯规划书的写作格式

职业生涯规划书一般由标题、前言、自我分析、环境分析、目标确定、计划实施、评估与调整、结语八个部分组成。

1. 标题

职业生涯规划书直接用文种名称作标题，多用二号黑体或小标宋体字编排，如果篇幅较长，也可将标题设计为规划书首页。标题下小标题多用小三号黑体或宋体字，内容多用小四号宋体编排。

2. 前言

前言也称引言，多表达制定职业生涯规划书的初衷和目的，一般用简练的语言概括。

3. 自我分析

一个有效的职业生涯规划是在充分且正确认识自身条件的基础上进行的，要从自己的性格、学识、技能、兴趣、特长、思维方式等多方面综合分析，弄清楚"我想干什么、我能干什么、我应该干什么"，从而做出理智的职业选择。

4. 环境分析

环境因素包括政治环境、经济环境、社会环境、家庭环境等，分析环境条件的特点、发展变化情况，把握环境因素的优势与限制，尤其是本专业、本行业的发展趋势，以此作为确定职业目标的考量因素。

5. 目标确定

目标的确定是制定职业生涯规划书的关键。通常使用SWOT（优势/劣势/机会/威胁）分析的方法，综合自我因素、环境因素，来确定职业发展的方向和目标。目标的确定要立足现实，慎重选择，全面考虑，既有前瞻性的最终目标，又有每个阶段具体的短期目标，以确保最终目标的实现。

6. 计划实施

职业生涯的发展是一步一步走出来的，目标的实现也是一点一点积累起来的，所以计划的实施尤为重要。计划应包括每个阶段计划的时间跨度、具体措施方法、考核指标等。措施要具体，切实可行。

7. 评估与调整

整个职业生涯规划要在实施中去检验，看效果如何，如果在实施过程中无法达到预期目标，应有修正调整方案，便于应对可能出现的问题。

8. 结语

可以针对完成目标谈认识，表决心，还可以对职业生涯进行憧憬。

（二）职业生涯规划书的写作注意事项

1. 分析客观到位

对自我的分析要将个人认识、他人评价和人才素质测评结果有机结合，形成一个客观、科学的自我认知。

2. 目标明确合理

进行目标设定时一定要结合自身特点和环境特点，不能完全脱离现实。要将自己的经历经验、专业技能、兴趣特长都有机地结合起来，与时俱进，灵活调整，这样的职业目标才会有生命力。

3. 措施具体可行

针对职业目标制定的措施一定要具有可行性，最好制定出长期、中期、短期计划，并拟定详细的执行方案和时间限制。

4. 彰显个性和创新

无论是行文的风格、叙述的方式、文案的设计，还是职业目标的选择、职业路线的设计等，不同的见解和风格才能吸引人的眼光。

例文评析

职业生涯规划书

作为一名中职生，我需要更早地去规划自己的未来，有目标、有方向地稳步前进，才能让自己的人生旅途感到充实。因此，我准备这样规划职业生涯。①

一、自我认知

（一）职业兴趣

对操作技术感兴趣，希望日后能在数控领域工作。

① 先总说自身对职业生涯的认识，简洁明了。

（二）职业能力

动手能力比较强，喜欢钻研，逻辑推理的能力相对比较强。

（三）性格特点

活泼开朗，有责任感，热情，吃苦耐劳。

（四）不足之处

做事有些马虎，与沉稳、精益求精的职业要求有些差距。②

二、明确目标

毕业前拿到中级车工证、中级加工中心操作工证。毕业后当一名合格的数控操作工，6年后成为数控编程员。③

三、具体措施

（一）知识学习

1. 认真听讲，完成作业。利用业余时间阅读课外书籍，理清各门专业课之间的关系，学好机械加工工艺，掌握数控机床的操作和手工编程。

2. 了解自动编程和数控机床的简单维护维修。

（二）能力提升

1. 日常生活中锻炼自己耐住寂寞、做事认真的能力。

2. 争取在班级担任职务，积累管理经验，提高组织协调管理能力、交际能力、团队合作能力。

（三）社会实践

利用周末、寒暑假到快餐店做促销员，提升与人沟通的能力并具备一定的推销能力。积极响应号召，到所在社区当青年志愿者，更好地去关爱他人，服务社会。④

② 对自己进行客观的剖析，直面"现实中的我"。

③ 根据自我认知确定职业发展方向，目标明确。

④ 详细介绍自我规划，有步骤，有措施。为实现自我目标，努力奋斗。

✅ 任务实施

一、写作训练

同学们根据所学职业生涯规划书的内容，构建人生发展阶梯，为自己设计一份未来三年的职业生涯规划。

写作要求：在写作任务手册中完成写作训练，格式正确，内容完整，贴合实际。

二、课堂交流

围绕"规划精彩人生，打造锦绣前程"的话题，同学们探讨如何立足本人实际，树立正确的成才观。

三、知识巩固

完成写作任务手册中的知识巩固，并参考任务评价标准，开展自评、互评与师评。填写任务总结，对本文体的学习进行总结与反思。

文体三 实习报告

学习目标

掌握实习报告的写作格式和写作注意事项。

能够独立撰写实习报告。

培养独立思考、严谨认真的工作态度。

写作任务

我们在校期间参加过实习实训，岗位实习之前也会参加企业的培训实习，实习结束都要写实习报告，以回顾实践的历程，总结实习的内容，加深对实习的理解。

请同学们结合实习经历写一份实习报告。

写作指导

一、实习报告概述

（一）实习报告的含义

实习报告是指各种人员实习期间需要撰写的对实习期间的工作学习经历进行总结的报告类文书。它是应用写作的重要文体之一。实习报告既是对实习者实习过程的全面总结，又是对个人素质与能力的一次全面检验。

（二）实习报告的特点

1. 专业性

它要求对实习中运用有关专业知识解答问题的情况进行报告，内容具有很强的专业特色。

2. 总结性

它要求对实习中面临的问题进行全面的总结，并概括出规律性的结论，使自身素质和能力得到不断提高。

3. 概括性

实习报告是对实习期间的材料进行归纳和概括，应该选择典型的、有代表性的事例予以归纳和总结。

4. 自我性

实习报告必须写自己的实习经历，以自身的工作实践为材料，采用第一人称，语言要简练，符合应用文写作的要求。

二、实习报告的格式写法

（一）实习报告的写作格式

实习报告通常由标题、前言、主体、结尾四部分构成。

1. 标题

实习报告的标题可以直接写文种名称；标题也可以由实习内容或岗位加文种名称构成，如《PLC实习报告》；有的标题采用复合式标题，正标题用一句话概括实习报告的主要观点或主要思想，副标题标示实习内容和文种名称等,如《走进宝马车间,感受现代化生产——宝马公司实习报告》。

2. 前言

主要写明实习时间、实习地点及主要的实习内容,主要介绍实习者本人在什么时间、什么企业实习,对实习企业的了解,通过本次实习,自身在哪些方面取得了收获,得到了提高和历练。

3. 主体

实习报告主要包括以下三个部分:

(1)**实习目的及意义** 以实习时间、地点、任务为开始,或者把实习过程的感受、结果用高度概括的语言写出来,引出实习报告的内容。要求言简意赅,点明主题。

(2)**实习单位及岗位介绍** 包括实习单位的地理位置、成立时间、规模、经营范围、在同行业中的地位、管理模式、组织机构、职能以及企业文化、经营理念等。重点介绍实习部门和实习岗位的职责。

(3)**实习内容和过程** 在完整介绍实习内容的基础上,以记叙的方式对有重要意义或需要研究解决的问题进行重点、详细的介绍,其他内容则简写。

4. 结尾

实习总结及体会。这部分要求条理清楚、逻辑性强,将实习体会、经验教训分条列项来写。在实践中总结出自己的优势,看到自身的不足,写出自己所学的专业理论与实践的差距以及今后努力的方向。

(二)实习报告的写作注意事项

1. 要素齐全

应注意涵盖实习的目的及意义、实习单位及岗位、实习内容和过程、实习总结及体会。

2. 重点突出

实习内容与过程是实习报告的重要内容,需要详细介绍。

3. 语言简练

介绍了自己的实习时间、地点和分配的任务后,以后的文字中尽量少出现第一人称"我"。

笔记区

例文评析

实习报告①

我是××学校会计专业二年级的学生,在学校的安排下,我到××公司进行了为期两周的实习。××公司是一家商贸有限责任公司,从2000年开始经营家电,现在已成为具有规模和实力的公司。经营网络遍布全国各个地区,商业诚信度高、思维活跃、思想超前、竞争力强、物流配送发达、售后技术力量强大。②

一、实习目的

通过会计实训,能够系统地练习会计核算的基本程序和具体方法,加强对所学专业理论知识的理解,提高实际操作的动手能力,提升运用会计基本技能的水平,检验所学专业知识。实训不仅能掌握填制和审核原始凭证与记账凭证,登记账簿的会计工作技能和方法,还能切身体会出纳员、材料核算员、记账员等会计工作岗位的具体工作,从而对所学理论有一个

① 标题由文种构成,居中。

② 开门见山介绍自己的情况和实习公司的相关情况,清晰明了。

较系统、完整的认识，最终达到会计理论与会计实践相结合的目的，提高自身的职业能力，促进自身就业，更好地融入社会。③

二、实习内容

以公司的实际经济业务为实训资料，对会计核算的各步骤进行系统操作实验，包括账簿建立和月初余额的填制、原始凭证、记账凭证的审核和填制，各种账簿的登记、对账、结账等。④

三、实习感悟

通过这两周的会计实训，我掌握了记账的基本程序，锻炼了自己的动手操作能力，全面系统地了解了完整的会计操作业务循环，也培养了严谨细致的工作态度。我深刻理解了会计不仅仅是一份职业，更是"一份细心＋一份耐心＋一份责任心＝人生价值"的诠释。⑤

四、实习总结

通过实习，我发现自己还存在着不少问题，包括文化知识的欠缺。学习涉及的面较窄，学到的知识较单一，没有形成一个完整的体系。联系实际的能力较弱，学到的知识不能很好地运用于实践中，在今后的学习中还需要在各方面去提高自己的知识储备，尽可能完善自己。⑥

两周的实训使我学到了很多东西，真的很感谢学校和企业能够给我这样实训的机会！

③ 介绍实习的目的，说明实习的必要性。

④ 记录实习过程中学到的知识技能。

⑤ 感悟深刻，学有所得。

⑥ 总结不足，并指出努力改正的方向。

✅ 任务实施

一、写作训练

实习已经开始，就业的号角将要吹响。亲爱的同学们，请结合本学期参加过的专业实训情况，根据自己的所做、所得写一份实习报告。

写作要求：在写作任务手册中完成写作训练，格式正确，框架完整，内容简洁。

二、课堂交流

实习是实现人才培养目标不可缺少的重要环节。通过实习，同学们将所学知识综合运用到工作实践中，为毕业后适应岗位打下基础。完成实习任务后，同学们应该以什么样的态度撰写实习报告，才能有助于反思和成长呢？

三、知识巩固

完成写作任务手册中的知识巩固，并参考任务评价标准，开展自评、互评与师评。填写任务总结，对本文体的学习进行总结与反思。

04 职业篇

据统计，人们在工作中所接触的书面文字中，95%以上是应用文。应用文写作已被人们看作是"出世之必备，应事之必需"，具有较高应用文写作水平的人会受到用人单位的重视和社会的关注。应用文写作能力已成为职场竞争的必备素养和技能。

本篇创设了毕业生就业与创业两个现实的情境，对工作中频繁使用的计划、总结、述职报告三种具有代表性的文体逐一讲解，为日后更好地胜任工作打下基础。如果毕业生想自主创业，更要做好充分的准备，掌握调查报告、经济合同、广告词的基础知识和写法。

|情境一| 职业发展

学习情境

每年都有大批职业院校的学生步入社会，在现代制造业、战略性新兴产业和现代服务业等一线领域，去实现自己的职业梦想。要想在职业生涯中谋得更长远的发展，需要契合岗位需求去广泛学习，提升职业竞争力。

在工作岗位上，提前对工作做计划，完成工作后及时进行总结，向上级领导汇报、述职等日常交流与工作，都要使用应用文。它们体现了撰写者良好的职业素养，较高的政策认知水平，广博的学科知识和新锐的个人观点，能让我们提高工作质量，从而在职场上脱颖而出。

文体一 计划

学习目标

了解计划的特点，掌握计划的格式写法。

能够制订切实可行的计划。

培养学习、工作的计划性，提高执行力。

写作任务

"谋定而后动，知止而有得。"我们在做事时，提前制订好计划，然后再行动，可以事半功倍，提高工作效率，从而达到预期效果，甚至更好。同学们马上就要走上实习工作岗位了，为了让工作更高效，增强主动性，减少盲目性，制订一份实习计划非常必要。

请根据自己的目标岗位制订一份工作计划。

写作指导

一、计划概述

（一）计划的含义

计划是国家机关、企事业单位、社会团体及个人在工作、生产、学习及日常生活中对未来一定时期的行动目标、任务、措施和实施步骤做出的预测和设想，并把它写成系统化、条理化的文书。

（二）计划的特点

1. 指导性

计划是以人们对客观事实的认识为基础，通过人的思想加工而制订的，它是实践的反应，反过来又指导着人们的实践活动。它从本质上说是一种自我规范性文件，具有很强的指导作用。

2. 预见性

计划是事先对活动所做的安排与打算，它是对未来工作的设想。为实现预定目标，必然要对活动过程中可能出现的情况进行分析与估计，这样才能确保计划顺利进行并达到预定目标。

3. 可行性

计划要指导人们的行动，因此在确立目标任务时要考虑自身的实际，确保目标的实现，有时计划也需要随客观情况的变化做适当的调整和修订，以便适应现实的变化。

4. 约束性

计划一经通过批准或认定，在其所认定的时间范围内就具有了约束作用，机关单位部门和个人在工作中必须按要求予以贯彻执行，不得随意变更，更不能不予实施，否则计划就变成一纸空文。

（三）计划的种类

1. 按计划的时限划分

（1）**长期计划**　一般指五年以上的计划，其主要任务是制订发展方向和方针，规定目标和要求，绘制长期发展的蓝图，内容相对比较笼统。

（2）**中期计划**　一般指一年至五年之内可以完成的计划，内容比较具体，对目标、行动方案、措施方法、考核指标等都有明确的规定。

（3）**短期计划**　一般指一年或一年以内可以完成的计划，内容具体明确，工作细分到具体的作业单位，多给出工作日程表，如年度计划、季度计划、学期计划等。

2. 按计划的内容划分

（1）**综合计划**　是对业务经营过程中各方面活动所做的全面计划和安排，如企业年度综合经营计划。

（2）**专题计划**　是对某一专业领域的职能工作所做的计划，它通常是综合计划某一方面内容的细化，如销售计划、生产计划、产品研发计划等。

3. 按计划的约束力划分

（1）**指令性计划**　是由上级计划单位下达的，要求隶属执行计划的单位和个人必须保证完成的计划。

（2）**指导性计划**　是由上级计划单位下达的只规定方向、要求或一定幅度指标的计划，隶属部门和单位参考执行。

二、计划的格式写法

（一）计划的写作格式

计划一般必须具备标题、正文、落款三个部分。

1. 标题

计划的标题多用二号小标宋体字写于首行居中位置，形式灵活多样，具体如下：

（1）发文机关+时限+事由+文种　　这是四元素标题，也叫全标题，通常级别较高、涉及范围广、涉及重大事务的计划多采用这种标题，如《××省教委2021年度扶贫工作计划》。

（2）发文机关+事由+文种　　这是三元素标题，因不针对特定时段，所以可以不标示时限，如《××公司改造生产工艺的计划》。三元素标题还有一种写法：时限+事由+文种，一般在单位内部使用时可以省略单位名称，而突出计划的时限和内容，如《2021年第一季度市容卫生管理工作计划》。

（3）事由+文种　　这是最简单的标题写法，由计划标题中必不可少的事由和文种构成，如《关于进行工作量考核的计划》《图书馆工作人员业务培训计划》。

2. 正文

正文用三号仿宋字体，一般包括前言、主体、结尾三部分。

（1）前言　　简要说明制订计划的背景、依据、指导思想、缘由等。通常用"特制订工作计划安排如下"引出主体内容。

（2）主体　　写明计划三要素，即目标、步骤和措施。目标解决"做什么"的问题，步骤解决"怎么做"的问题，措施解决"如何做"的问题，这样制订的计划才具体可行。

1）目标要说明做什么和做到什么程度，这是计划的工作方向。完成的任务、实现的目标，可以写出必要的指标数字和完成的时间，使人们在计划时心中有数，也便于随时对计划履行情况进行检查。

2）步骤应写明工作分几步做，每一步在什么时间完成。它指计划完成的阶段和进程。

3）措施在计划主体中占的篇幅比较大，阐明的是怎么做的问题，要写明达到目标的手段和方法。近期计划还应包括具体的责任人。步骤措施较多时，可分条列项阐述。

（3）结尾　　有针对性地提出希望和号召，或提出一些执行计划的注意事项、意见和方法。计划的结尾有时也可省略不写。

3. 落款

在正文右下方写上单位名称或者个人姓名，署名下方写成文日期，上报或下发的计划应在署名和日期上加盖公章。

（二）计划的写作注意事项

1. 内容具体可行

首先计划必须符合党的方针政策、法律法规，这是制订计划的前提。写作计划前一定要先展开必要的调查研究，切忌盲目，确定可行目标，找出执行期间可能出现的困难、问题等。计划的目标不能太高或者太低，应该实事求是，不能弄虚作假。

2. 计划的语言要准确简洁

首先计划中数字的运用要准确，否则容易造成误解。其次语言简要明确，尽量少用比喻、排比等修辞方法，更不需要使用抒情和描写等表达方式，选择修饰词语要注意分寸，比如"非常""特别""甚至"等词语的运用。

3. 采用恰当的写作形式

计划可以根据不同的内容选择恰当的写作形式。比如涉及数量、时效的工作可以采用表格式计划，如车间生产计划、学校招生计划等。中短期计划可采用条文表格结合的方法。无论采用哪种写作形式，都应以合理、明晰、便于实施和检查为原则。

文体辨析

笔记区

例文评析

文娱部九月份工作计划[①]

在校党委的领导和团委指导下,以为学校发展服务、为广大师生服务为宗旨,结合学校活动安排,文娱部将积极配合、参与学校各项大型活动,切实做好学校管理的助手和师生沟通的桥梁,现制订文娱部九月份工作计划。[②]

一、活动事项[③]

推进吉他社培训课程;新开办街舞社团;组织乐理知识讲座;组织合唱比赛;准备校运动会开幕式的表演。

二、具体安排

(一)社团活动

1. 吉他社团

开学第一周确定吉他社团第三阶段培训课程表,联系校外指导教师上课事宜,确保第二周课程的有序开展。

2. 街舞社团

九月上旬,招募成立街舞社,完成成员选拔和辅导教师聘请事宜,确保第三周顺利开展社团活动。

3. 乐理知识讲座

利用九月前三周的周五下午时间,特聘学校音乐教师王老师,开展三场乐理知识讲座。

(二)学校活动

1. 校第九届"红歌"比赛

确定红歌比赛曲目,安排、协调训练场地,赛前组织彩排,筹备9月22日决赛赛程。

2. 运动会表演

9月7日前确定两组开幕式表演节目,9月23日前完成节目排演并接受团委节目验收,力保9月28日运动会开幕式顺利演出。[④]

三、措施

利用每周一例会确定各项活动负责人和其他组织人员,明确分工;周五由各组负责人向团委汇报工作进度;对于突发事件或临时变动及时做好汇报与沟通。

校学生会文娱部
2020年8月28日[⑤]

批注:

① 全标题形式,首行居中。

② 开篇提出总的任务,写出计划的背景、原因及目的。

③ 正文部分采用条目式,使计划内容简洁清晰。

④ 分别列出具体的任务和时间安排,步骤清晰。

⑤ 正文右下方落款,写明发文部门和成文日期。

任务实施

一、写作训练

同学们即将走向实习工作岗位,为了更好地适应岗位需求,顺利完成实习任务,请制订一份岗位实习期工作计划,有目标、有步骤、高效地完成实习任务。

写作要求：在写作任务手册中完成写作训练，计划要素齐全，从实际出发，便于落实，格式正确。

二、课堂交流

《礼记·中庸》中说，"凡事豫（预）则立，不豫（预）则废。"意思是：做任何事情，事前有准备就可以成功，没有准备就会失败。同学们对这句话是怎样理解的呢？请大家结合计划的重要性来展开讨论。

三、知识巩固

完成写作任务手册中的知识巩固，并参考任务评价标准，开展自评、互评与师评。填写任务总结，对本文体的学习进行总结与反思。

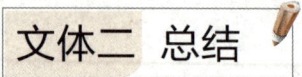

文体二 总结

学习目标

了解总结的特点，掌握总结的格式写法。

能够结合自己的实际情况撰写总结。

培养自省意识，在总结中不断提升自我。

写作任务

按照职业学校人才培养方案的安排，职业学校学生在正式走上工作岗位之前，需要完成专业实习、认识实习和岗位实习，以促进就业创业。

请结合自己的实习经历写一篇实习总结。

写作指导

文体讲解

一、总结概述

（一）总结的含义

总结是党政机关、人民团体、企事业单位或个人对前一阶段的工作实践进行回顾检查、分析评价，从理论高度概括出经验教训，发现某些工作规律或缺点错误产生的原因，用以推动今后工作的一种结论性应用文书。

（二）总结的特点

1. 客观性

总结十分重视内容的客观性，即按照事物的本来面目加以反映。总结的内容、材料不能随意扩大或缩小，更不能虚构一些没有做过的事情，都应当是客观存在的实际情况，尤其是典型事例和确凿的数据。即使是分析经验教训，也要以事实为基础，言之有理，不能有任何虚构和添枝加叶。

2. 理论性

总结不仅仅是对过去实践的简单回顾，还要对实践过程进行分析综合，得出经验和教训，上升到理论高度，从而把握规律，提高认识。因此，写总结不能局限于就事论事，要既有事实，又有理论分析，要站在一定的高度，透过现象看本质，反映事物的发展规律。

3. 指导性

通过对以往工作全面系统的检查分析，把过去实践中的成功经验归纳出来，把教训分解出来，以便把工作做得更好。回顾过去，指导未来。总结不仅是为了过去而写，更是为了未来而写。

4. 总结性

总结既不是对工作的简单复述，也不是对工作细节的罗列，而是要发现规律，做出本质的概括，是人们对客观事物规律认识的反映。

（三）总结的种类

1. 从内容上划分

（1）综合总结　又称全面总结，它是对某一时期各项工作的全面回顾和检查，进而总结经验与教训。

（2）专题总结　是对某项工作或某方面问题进行专项的总结，尤以总结推广成功经验为多见。

2. 从总结的对象上划分

（1）学习总结　是事后对某一阶段的学习情况加以回顾检查并分析评价的书面材料。

（2）工作总结　是对一定时期内的工作加以总结、分析和研究，肯定成绩，找出问题，得出经验教训，摸索事物的发展规律，用于指导下一阶段工作的一种书面文体。

（3）会议总结　是机关团体、企事业单位在开完一次会议或者一阶段的会议之后，对会议内容进行一次回顾、分析和评价，找出内在规律，以指导未来实践而使用的文体。

（4）生产总结　是企业工作告一段落或者全部完成后进行回顾检查、分析评价，从而得出教训和一些规律认识的一种书面材料。

（5）思想总结　是为了使组织更好地了解自己的思想、学习等情况，接受组织的教育和监督，定期或不定期地总结自己的思想动态所使用的文书。

二、总结的格式写法

（一）总结的写作格式

总结在结构上一般包括标题、正文和落款。

1. 标题

总结的标题多用二号小标宋体字写于首行居中位置，具体写法有以下几种。

（1）公文式标题　由发文机关、时限、内容和文种构成，如《××市林业局2021年行政服务审批工作总结》，其中发文机关、时限、内容可根据实际情况酌情省略。

（2）文章式标题　用简洁的语言概括内容的主旨，标题中一般不出现"总结"字样，如《股份制使企业走上成功之路》《××市旧城改造的经验教训》。

（3）双行式标题　使用正、副双标题，正题用文章式标题，揭示观点、概括内容，写于首行居中位置；副标题用公文式标题，写明单位名称、时限、内容及文种，如《招商引资加快了经济的发展——××市2021年经济发展的经验总结》。

2. 正文

正文一般包括前言、主体和落款三个部分，多用三号仿宋字体。

（1）前言　用最简洁精练的文字，概括交代总结的主要内容、背景、事件等。常用写法有两种：一是概述式，介绍什么时间做了哪些工作，采取了什么措施，工作成绩有哪些等；二是结论式，对工作中取得的经验和成果下定论。无论哪种方式，都要尽量做到言简意赅，统领全文。

（2）主体　主要包括基本情况、成绩和经验、不足与教训，以及今后努力的方向。

1）基本情况概述，可以对过去的工作概括交代，做了什么，做得怎么样，对工作背景、取得的成绩进行简要评价，让读者有个总的印象。

2）主要成绩和经验，本着实事求是的精神，对过去的工作进行深入、细致的回顾、分析及归纳，把工作中采用的好方法、措施和成绩介绍出来。这个部分是总结的重要内容。

3）不足和教训，应提出存在的问题和改进意见，方便以后在工作中更好地提升自己的业务。也可以结合具体事例对主要教训予以概括和阐述，但是不用太详细。

4）今后努力的方向和设想，针对工作中存在的问题和不足，明确指出今后工作努力的方向，同时还要提出如何发扬成绩，纠正错误，搞好工作，给出合理的方法和设想。

3. 落款

在正文右下角写明总结的单位或者个人名称，署名下方写上成文日期。如果标题中包含单位名称，此处也可以省略。

（二）总结的写作注意事项

1. 实事求是，准确可靠

总结必须从实际情况出发，把以往发生的事件作为唯一依据，反映真实情况，不能欺上瞒下，弄虚作假，也不能肯定一切或者否定一切，光报喜不报忧。事件材料须真实可信，数据要准确可靠。

2. 点面结合，重点突出

总结容易犯大而全的错误，容易让人抓不到重点。写总结的时候，一定要重点突出，分清主次，重点内容要详细介绍，其他不重要的内容可以略写。不能不分详略平均用笔，像记流水账一样。

3. 科学分析，找出规律

要写好总结，需要掌握第一手真实、全面的材料，并对其进行科学、系统的分析，从中找出规律性的结论，做到"去粗取精，去伪存真"，这样的总结才能为进一步指导今后的工作提供有益的参考。

例文评析

应用文写作学习总结[①]

这学期的应用文写作课程已经结束了，通过学习，我对这门课产生了浓厚的兴趣，深刻认识到应用文在社会生活中的重要作用。现将对这门课的学习心得总结为以下几个方面。[②]

一、学习应用文写作的基本情况

通过学习，我们了解到应用文是一种具有广泛实用性的文体，具有固定的格式和体例，在内容结构上均有规律可循，初步掌握了应用文的写作要求。

二、学习收获

这学期我们主要学习了多种应用文写作的基本要求，如通告、通知、会议、计划与总结等内容，这些在学习生活以及今后工作中都会用到。了解这些应用文的写作格式、注意事项以及用途，对将来的工作、学习都具有重要的指导意义。

在应用文写作的学习过程中，我掌握了多种应用文体的写法，总结了

① 标题由内容和文种构成，简洁清晰。

② 简要介绍学习的基本情况，强调学习感受，突出重点。

一些写作经验。首先，要仔细读懂应用文写作的格式与要求，多看例文。其次，应用文写作要坚持实事求是。再次，应用文写作要注重积累和实践。最后，应用文写作所站角度的重要性不可忽视。③

三、不足之处

应用文写作需要反复练习，但是我多停留在课堂学习，课后实践、训练不够，还没能把所学的知识进一步转化为技能。以后我会进一步加强应用文写作的训练，提高我的应用文写作能力。④

李燕

2021年12月28日

③ 主体部分详细介绍了学习应用文写作的收获及不足之处，有详有略，重点突出，读后让人一目了然。在结构上也能做到很完整，条理清晰，符合总结的写作要求。

④ 客观分析不足之处，对今后的学习有指导意义。

✓ 任务实施

一、写作训练

姜明同学是一名职业学校学生，在校期间各门专业课成绩优异，进入学校推荐的企业进行岗位实习。实习期间，他勤奋好学，不怕苦，不怕累，虚心向师傅请教，服从企业管理，表现优异，得到领导认可。请以姜明的身份，选取某一实习阶段，写一份实习总结。

写作要求：在写作任务手册中完成写作训练，实事求是，条理清晰，重点突出，表达流畅。

二、课堂交流

曾子曰："吾日三省吾身：为人谋而不忠乎？与朋友交而不信乎？传不习乎？"这段话的主旨就是要我们经常反省自我，总结经验、汲取教训，这样才能进步。今天，你反省了吗？请同学们畅谈对生活和学习是如何进行反思、总结的。

三、知识巩固

完成写作任务手册中的知识巩固，并参考任务评价标准，开展自评、互评与师评。填写任务总结，对本文体的学习进行总结与反思。

文体三 述职报告

🖥 学习目标

了解述职报告的含义和特点，掌握述职报告的格式写法。

能够撰写格式规范的述职报告。

端正工作态度，强化岗位责任意识。

🏷 写作任务

在《孟子·梁惠王下》里有这样的记载："诸侯朝于天子曰述职。述职者，述所职也。"可见，先秦时期就有公务述职任务了。现如今，在任何岗位上，每经过一段时间，都要写一份履行岗位工作的自我评述材料，这就是我们现在所说的述职报告。

请根据担任过的职务写一份述职报告。

写作指导

一、述职报告概述

（一）述职报告的含义

述职报告是各级党政机关、事业单位、企业的领导和干部职工为向本系统的人事部门、上一级主管领导、本单位领导及群众，陈述自己在任职期间的业绩而拟写的书面文字材料。

（二）述职报告的特点

1. 自述性

任职者向特定的对象陈述自己任职期间的诸多表现的情况。例如，向有关部门报告自己在一定任期内做了什么事情，完成了什么指标，有哪些成绩和不足，一般必须使用第一人称，所写内容一定要真实准确，如实地反映事物的本来面目。

2. 规定性

述职报告所写内容一般具有严格的规定，写作时侧重自己履行的岗位任务，实现自己工作目标的情况。

3. 严肃性

很多企业单位通过述职报告考察职工的工作情况，一般要存入人事档案，可见述职报告的严肃性。

（三）述职报告的种类

1. 从时间上划分

（1）任期述职报告　指对任职以来的总体工作进行报告，如《××安全厅××任职期间的述职报告》。

（2）年度述职报告　指一年一度的述职报告，如《2019年度工作述职报告》。

（3）临时性述职报告　指担任某一项临时性的职务而写出任职的报告，如《关于2020年秋季招生情况的述职报告》。

2. 从述职内容上划分

（1）综合性述职报告　指一个时期所做工作的全面、综合的反映，如《2020年度××述职报告》。

（2）专题性述职报告　指对某一方面工作的专题反映，如《2018年党风廉政建设工作述职报告》。

（3）单项述职报告　指对某项具体工作的汇报，往往是临时性、专项性的工作，如《关于技校综合楼建设工作的述职报告》。

3. 从表达形式上划分

（1）口头述职报告　指需要向选区选民述职，或向本单位职工群众述职的，用口语化的语言写成的述职报告。

（2）书面述职报告　指向上级领导机关或人事部门报告的书面述职报告。

二、述职报告的格式写法

（一）述职报告的写作格式

述职报告包括标题、称谓、正文和落款四部分。

1. 标题

述职报告的标题多用小二号黑体或小标宋体字写于首行居中位置，具体写法有以下几种：

（1）公文式标题　由任职时间、职务和文种名称构成，如《2020年××市常务副市长述职报告》。

（2）**双行式标题** 由正、副标题组成，正标题对述职内容进行概括或基本评价，写于首行居中位置；副标题用公文式标题，写于正标题下行居中位置。如《全心全意为下岗职工服务——2020年度××市劳动和社会保障局局长×××述职报告》。

2. 称谓

述职报告的称谓一般用三号仿宋体字编排，称谓写在标题下行的左侧顶格位置，它依据现场听述职报告人员的身份而定，一般常用"各位领导、同事们"等，后接全角冒号引出正文内容。

3. 正文

正文部分是述职报告的主体，通常包括引言、主体、结尾三项内容，多用三号仿宋字体编排。

（1）**引言** 交代任职的自然情况，包括何时任何职、变动情况、岗位职责和考核期内的任务情况及个人认识。这一部分内容要求写得简明扼要。

（2）**主体** 是述职报告的核心部分。主要写任职期间的岗位职责及取得的主要成绩，陈述工作中存在的问题、不足，论述自己在履行职责期间的经验和教训，从中找出规律性的结论，并上升到理论高度，方便今后更好地工作。

（3）**结尾** 表明今后工作的努力方向、目标或打算。结束语也可以加上"以上报告，请审查"等词语。

4. 落款

在正文右下方署上述职者的单位名称、姓名，姓名的下方写述职的具体时间。

（二）述职报告的写作注意事项

1. 内容真实

述职的内容必须实事求是、真实准确，无论称职与否都要与事实相符。在写成绩时，如实地汇报，不能弄虚作假。对存在的问题和工作中的失误，也要做到不隐瞒，不回避，力求反映工作的真实情况。

2. 重点突出

述职报告不能面面俱到，而是要重点突出。在述职过程中，要抓住带有影响性、全局性的主要工作，重点着笔。对具有较大影响，能显示自己工作能力和水平的，要写得具体透彻。对一般性的工作尽量少写或一笔带过。

3. 语言朴实

述职时对情况的交代、过程的叙述要以说明问题为宜，不必过于追求文字的华美。可以选择那些既有表现力又简明朴实的词语来表达意思，这样才能让人感觉亲切可信，有更好的说服力。

4. 态度谦逊

述职时态度应该谦逊诚恳，要以坦诚的胸怀、虚心的态度赢得领导和群众的信任和支持，接受他们的监督。

笔记区

例文评析

销售经理述职报告[①]

尊敬的领导、同事们：

　　大家好！

　　我是×××，2021年度担任××区销售经理职务。这一年来我认真履行职责，在团队的共同努力下，高效地完成了全年的目标任务，营销工作取得可喜的成绩。[②]

① 标题由职务、文种构成。

② 这是一篇口头述职报告，用口语化的语言书写。

一、加强宣传，较好地完成了目标任务

今年的销售工作初期遇到了一些困难，我们在销售部统一指挥和安排下，发挥大家的聪明智慧，用各种方法加大宣传力度，通过拜访公司、走访零售户等，基本完成了本年的工作任务。

二、加强管理，提高服务意识

在客户的实际管理中，我们从维护好商业渠道入手，利用各种有效手段提高服务水平。我们注重开发、维护好大量终端客户，将工作重心部分下移，取得了很好的效果。③

三、需要加强和不足之处

一年来，我在工作中取得了一些成绩，但我也清醒地意识到自己还存在很多的不足和问题。比如，自身的管理水平距离现代营销工作的要求还存在差距，解决问题的方法也需进一步提高。针对新的形势，我们会进一步加强针对终端客户的宣传促销，为促进企业发展做出自己应有的贡献。

述职至此，恳请监督指正。④

述职人：×××
2021 年 12 月 20 日⑤

③ 阐述自己工作的基本情况和主要工作业绩，写得具体、翔实、实事求是。

④ 述职者对自己的问题全面地进行反思，胸怀坦诚，态度谦虚。

⑤ 正文右下方署述职人姓名，下行署述职时间。

✓ 任务实施

一、写作训练

假设你是校社团的负责人，或者担任班级干部等，在学期末，请结合自己的工作情况，写一篇述职报告。

写作要求：在写作任务手册中完成写作训练，明确工作职责，写出具体的工作内容及取得的成绩，态度诚恳，语言得体简洁。

二、课堂交流

工作没有高低贵贱之分，只有工作态度的差别。工作态度决定了你的职业前景。请同学们谈一谈，对待工作你持什么样的态度？这样的工作态度是不是有利于自己的职业发展？

三、知识巩固

完成写作任务手册中的知识巩固，并参考任务评价标准，开展自评、互评与师评。填写任务总结，对本文体的学习进行总结与反思。

情境二　创业投资

学习情境

在就业形势日益严峻的情况下，职业学校的毕业生却呈现出供不应求的局面，一次性就业率早已突破 95%，成为就业市场炙手可热的香饽饽。通过对辽宁省三所国家级重点职业学校毕业生的跟踪调查，结果显示,毕业三年后,一直在企事业单位就业的毕业生占调查人数的73.2%,合法从事个体经营的毕业生占9.4%。而且,随着工作经验、资金和人脉的积累,辞职创业的毕业生不在少数。

当下,自主创业已经成为一种就业形式,为走向社会的毕业生提供了更多的可能。你有创业的想法吗?是否进行了理性慎重的思考?希望同学们能做好充分的准备,做一名脚踏实地的创业者。

文体一　调查报告

学习目标

了解调查报告的种类,掌握调查报告的写作格式。

能够在数据分析的基础上撰写简单的调查报告。

培养调查研究精神和理性思维。

写作任务

自主创业,已经成为当下被人们认可的一种就业形式。常小龙同学毕业后选择了自主创业。于是,他开始考察市场,选定行业。他发现年轻人爱喝奶茶,奶茶消费市场很大,而且奶茶店有投资小、回收成本快的特点。常小龙决定创业从奶茶店开始。

请你帮助创业者撰写一份关于奶茶店前景的调查报告。

写作指导

一、调查报告概述

(一)调查报告的含义

调查报告是社会组织或个人,对某一现象、某个问题、某个事件或某方面情况进行深入的调查研究之后,写成的用以指导工作的事务性文书。

(二)调查报告的特点

1. 真实性

真实性是调查报告最重要的特点。调查报告必须从实际情况出发,用事实说话,在事实的基础上进行分析,从而获得真实的、科学的结论。

2. 针对性

调查报告一般都是针对和围绕某一综合性或是专题性的问题展开的。所以,调查报告反映的问题有针对性。

3. 指导性

调查报告的价值不仅在于调查和报告,更在于指导。调查报告的结论是本质的、规律性的认识,有借鉴和指导意义。

(三)调查报告的种类

从调查研究的对象和内容上划分,调查报告主要有以下几种:

1. 典型经验的调查报告

典型经验的调查报告是对某一地区、某一单位、某一部门的有代表性的典型事例,做全面的介绍、总结，找出其中带有规律性的经验，从而指导和推动某方面工作的调查报告。它的主要功能是示范引领，如《关于邯郸钢铁总厂管理经验的调查报告》。

2. 揭露问题的调查报告

揭露问题的调查报告是针对某一存在问题展开调查，以揭示这一问题的种种现象和深层原因为主要目的的调查报告。它的主要功能是通过探究问题产生的原因，提供解决问题的思路和方法，如《药品购销"回扣"探秘》。

3. 新生事物的调查报告

新生事物的调查报告是对社会生活中新近产生的或新近长足发展的事物进行背景、情况、特点和意义的调查和分析，并揭示其规律的调查报告。它的主要功能是促进新事物的成长和发展，如《关于现代特色农业的调查报告》。

4. 社会情况的调查报告

社会情况的调查报告是针对社会风气、百姓意愿、衣食住行等群众生活各方面的基本情况所写的调查报告。它的主要功能是做出正确的形势估计和判断，为制定方针、政策提供资料和依据，如《2018年大学生创业意愿调查报告》。

5. 考察历史事实的调查报告

考察历史事实的调查报告是对某一历史事件进行周密调查后，用确凿的事实反映未曾显露的历史真相。其目的是还历史以真实。这类调查报告重证据，讲史实，观点鲜明，具有很强的说服力。

6. 表现其他内容的调查报告

根据调查的侧重点不同，还有一些表现其他方面内容的调查报告，如市场调查报告、社会实践调查报告等。

二、调查报告的格式写法

（一）调查报告的写作格式

调查报告一般由标题、导语、主体、结语四个部分组成。

1. 标题

调查报告的标题比较灵活，要力求做到闻题知意。正标题一般用三号黑体字，上空一行，写在居中位置；副标题前加破折号，用小三号黑体字，紧挨正标题下，居中位置。标题的写作采用以下的格式：

（1）公文式标题　一般由事由和文种构成，或调查对象和文种构成，如《职业学校升学及就业情况调查报告》。

（2）自由式标题　自由式的标题写法灵活，可直接揭示调查结论，如《抓好领导班子建设　带动企业高速运转》；可提出问题，如《技术先锋是怎么练成的》；可直接表明作者的观点，如《莘莘打工者维权何其难》；可直接陈述事实，如《小油厂也能创造高效益》，等等。

（3）双行式标题　由正、副双标题组成，分别写在第二、三行居中位置。其中正标题一般采用自由式标题的写法，解释调查报告的主题思想或主要内容；副标题采用公文式标题的写法，标注调查的对象，如《债台高筑起风波——对××市一民营企业负债情况的调查》。

2. 导语

导语是调查报告的概括说明。一般简要介绍调查的内容、范围、目的、时间、地点、方法等基本情况。导语要精练概括，直切主题，用四号黑体字单独成段。

3. 主体

主体写在导语下空一行位置，用小四号宋体或仿宋字体排版。主体是调查报告的核心，这部分详述调查研究的基本情况、做法、经验，分析调查研究得出的各种具体认识、观点和基本理论。一般包括三个方面的内容：

（1）**基本情况**　即调查对象过去和现在的客观情况，如发展历史、市场布局、销售情况等。

（2）**分析与结论**　对调查所收集的材料进行科学的分析，从分析中得出结论性意见。

（3）**措施与建议**　根据调查结论，提出相应的措施和建议，必要时供领导决策参考。

4. 结语

结语可以提出解决问题的方法、对策或下一步改进工作的建议，或总结全文的主要观点，也可启发人们对这一问题的思考。

（二）调查报告的写作注意事项

1. 调查先行

没有调查就没有发言权。调查研究是撰写调查报告的先决条件。只有进行深入细致的调查研究，收集丰富的材料，才能写好调查报告。

2. 实事求是

调查报告是为揭露真相，所以不要带有感情色彩，要克服个人的主观情绪和偏见，以实事求是为原则，客观地总结和反映出调查结果。

3. 抓住本质

写作中要对材料进行一番去粗取精、去伪存真、由此及彼、由表及里的加工、提炼和概括，找出规律性的认识，提炼出明确的观点。

4. 语言准确

用词要准确，用例要确凿，评断不含糊。阐述观点时要言不烦，简洁明了。

例文评析

××市家政市场情况调查报告①

家政服务以其广阔的就业空间和巨大的市场需求，成为安置就业的重要途径之一。为了解近两年××市家政市场的情况，我们小组十名成员于2021年6月20日上午9点来到××市南湖公园，面向不同年龄不同性别的人群，总计发放《家政服务状况调查问卷》140份，回收有效问卷108份。我们分成五个访谈小组，分别对十家不同级别的家政公司进行走访。通过调查走访，现对××市的家政市场情况做如下分析②

一、**基本情况**

（一）市场对家政服务的需求情况

随着经济、社会的发展，二胎三胎家庭不断出现。家庭趋向小型化，人口老龄化程度加重，家政市场也随之发展变化。雇主的要求越来越高，家政服务的分工越来越细，家政服务的重要性被更多的家庭认可，家政服务的需求量与日俱增。

（二）家政服务业现状

对家政服务需求最多的是老年人；其次，是有婴幼儿的家庭；此外，还有其他高收入家庭等。家政服务的项目包括卫生保洁、初级卫生保健、婴幼儿看护、老人或病人护理、家务管理等。家政服务行业正在向数字化转型。

① 公文式标题，点明调查对象。

② 导语部分简单介绍调查的时间、地点、范围等。

（三）家政服务公司的情况

家政行业正处于发展阶段，现有的家政公司良莠不齐。其中，有大型连锁公司，但更多的是中、小型公司。中、小型家政服务公司各自为政，没有统一的管理机构，对服务质量缺少认证的行业标准，且大多缺乏后续服务。有些公司属于中介性质，以介绍服务人员收取中介费为主要收入来源，其服务质量难以管控。

（四）家政从业人员情况

家政从业人员多为女性劳动力。其中，40~49岁年龄段女性占59%，她们相对具有技能与经验上的优势，是家政行业的主力军。同时，家政工作的职业进入门槛相对较低，一般经过15天左右的培训便可以轻松上岗，而接受过家政行业系统知识技能培训的从业人员少之又少。③

二、家政服务业发展中存在的问题

现阶段，家政服务行业缺少有效的监督管理机制，缺乏统一的行业标准，企业"小、弱、散"特点较突出，家政服务人员缺少正规的专业培训，也没有相应的机构做从业资格鉴定，不能给客户提供更专业的服务。而且，现有家政服务人员远远不能满足市场的需求。这些问题在一定程度上制约了家政服务业的快速健康发展。④

三、建议

强化政府职能监督，规范家政市场；建立供需对接平台，扩大有效供给；打造口碑品牌，引领行业良性发展；强化服务技能素养，实现供需双赢。⑤

家政服务既是一个朝阳产业，也是重要的民生工程，其市场前景广阔。相信多管齐下，多方合作，××市家政市场会越来越正规、越来越成熟，形成自己的产业集群，更好地服务于民。⑥

③ 分条详述调查研究的基本情况，结构清晰。

④ 通过分析，总结观点。

⑤ 提出具有指导意义的建议。

⑥ 总结式结尾，深化主题。

✅ 任务实施

一、写作训练

请以创业者的名义拟写一份《关于奶茶店前景的调查报告》，从经营范围、选址、促销方式中任选一个方向来写。要敢想敢做，树立点滴成就未来，双手成就事业的信念。

写作要求：在写作任务手册中完成写作训练，语言简洁明了，内容全面具体，结论有针对性，格式正确。

二、课堂交流

创业之前，还要做哪些周密的调查呢？请同学们开动脑筋，集思广益，分组商讨调查细节，做好调查前的准备工作。

三、知识巩固

完成写作任务手册中的知识巩固，并参考任务评价标准，开展自评、互评与师评。填写任务总结，对本文体的学习进行总结与反思。

文体二 买卖合同

学习目标

了解买卖合同的特点和写作格式，熟悉买卖合同的主要内容。

能够运用买卖合同的知识解决生活中的实际问题。

遵循诚信原则，学会用法律保护自身合法权益。

写作任务

常小龙依法登记了个体工商户，开始奶茶店的筹备工作。经过实地考察，准备从河南购入一整套奶茶设备。

请帮忙起草一份设备买卖合同。

写作指导

一、买卖合同概述

（一）买卖合同的含义

买卖合同是出卖人转移标的物的所有权于买受人，买受人支付价款的合同（《中华人民共和国民法典》第595条）。其中转移标的物所有权的一方称为出卖人（以下简称卖方），接受标的物所有权并支付价款的一方称为买受人（以下简称买方）。

（二）买卖合同的特点

1. 买卖合同是双务合同

买卖合同双方都要承担一定的义务。买卖双方当事人的义务是相对的，买方的权利是卖方的义务，买方的义务则是卖方的权利。

2. 买卖合同是有偿合同

出卖人转移标的物的所有权给买方，买方向出卖方支付价款。

3. 买卖合同是诺成合同

除法律有特别规定外，当事人达成一致协议，买卖合同即告成立。

（三）买卖合同的种类

按照买卖方式的不同，可以分为一般买卖合同和特种买卖合同。

1. 一般买卖合同

一般买卖合同是指无特别规定的买卖合同，如工矿产品买卖合同、农副产品买卖合同、国际货物买卖合同等。

2. 特种买卖合同

特种买卖合同是指买卖方式具有特殊性，买卖需使用特别规定的合同，如房屋买卖合同、分期付款买卖合同、凭样品买卖合同、招标投标买卖合同、知识产权买卖合同等。

二、买卖合同的格式写法

（一）买卖合同的写作格式

买卖合同包括标题、约首、正文、落款四部分。

1. 标题

买卖合同的标题，一般由合同标的、合同性质和文种构成，多用二号小标宋体字或黑体字居中编排，如《商品房买卖合同》《农药买卖合同》等。

2. 约首

约首包括合同编号、当事人信息、签订时间等。在标题下方顶格、分行、并列写明合同双方或多方法定核准的单位全称，如果是自然人写身份证上的姓名及公民身份证号码，可在括号内注明"甲方""乙方"或"买方""卖方"等方便行文，多用小三号黑体字编排；有的合同在标题之下、合同单位右上方写明合同编号。

3. 正文

正文一般包括引言、合同条款和结尾，多用小四号宋体字排版，如有表格，表格内中文字体多用五号字。

（1）引言　在约首下行空两字位置写明签订合同的依据和原则。

（2）合同条款　买卖合同一般包括标的物名称，数量，质量，价款，履行期限，履行地点和方式，包装方式，检验标准和方法，结算方式，合同使用的文字及其效力，违约责任等条款。

1）标的物名称。即合同当事人权利义务共同指向的对象，必须具体明确。

2）数量。包括数额和计量单位，必须使用国家统一计量单位。

3）质量。指标的物内在功能和外观形态的综合反映，按国家标准、部颁标准或企业标准签约，也可由当事人双方协商确定。

4）价款。写明标的物的单价、总价、币种、支付方式、预期交货、预期提货、预期付款时间等。

5）履行期限、履行地点和方式。履行期限指执行合同的时间界限；履行的地点是指交货、提货的地点；履行方式分为时间和行为两方面，如分期交货或一次性交货，送货、自提还是托运。

6）包装方式。具体写明包装标准，如包装的材料、规格和退货的包装等。

7）检验标准和方法。约定检验的时间、地点、标准和方法，明确纠纷责任。

8）结算方式。明确说明现款结账、银行转账或是其他方式结清货款。

9）合同使用的文字及其效力。涉外买卖合同及跨民族买卖合同应当使用约定的文字订立合同；合同效力指生效买卖合同所具有的法律约束力，主要体现在合同当事人所享有的权利和义务上。

10）违约责任。指合同当事人不履行合同，或不适当履行合同所承担的法定责任。

（3）结尾　主要包括合同的有效期限、合同文本份数等内容。

4. 落款

在正文下方左侧落甲方及其单位全称，中线右侧落乙方及其单位全称，下方对应位置分别落上法人代表、电话、账号、开户银行、地址等，左对齐并预留出相等的签字、盖章空间。合同的签订日期使用"××××年×月×日"格式，位置调整至落款正下方。

（二）买卖合同的写作注意事项

1. 内容要合法

根据《中华人民共和国民法典》第465条规定"依法成立的合同，受法律保护"。买卖合同要遵循诚信、公平的原则，内容要合法。

2. 条款要完备

买卖合同的结构应该完整，主要条款应完备。

3. 表述要准确、严密

买卖合同的用词要准确，切忌产生歧义词句，用词不能模糊或出现漏洞，货币等数字应大写，避免引起合同纠纷。所有口头承诺都要写进合同。

例文评析

硫酸铜买卖合同①

NO. 20210725001

供方（甲方）：上海×××有限公司

需方（乙方）：南京×××有限公司②

根据《中华人民共和国民法典》规定，甲乙双方在平等、自愿的基础上，以诚信为原则，签订本合同。③

一、产品信息④

产品名称	牌号规格	生产厂家	数量（kg）	单价（元）	总金额（元）	备注
硫酸铜	工业98%	西川	10000	18.40	184,000.00	含税含运费
合计	人民币（大写）：壹拾捌万肆仟元整					

二、包装方式：塑料袋装（GB/T 5048），包装费用由甲方承担，包装物不回收。

三、履行期限、方式：乙方需在合同签订日起三天内向甲方支付定金，甲方需在收到乙方定金日起五天内发货，乙方在收到全部货物后，一次性结清所有货款。如乙方未按本合同约定的价款支付货款给甲方，则货物的所有权仍归甲方。

四、履行地点：南京××区××街001号。

五、检验标准和方法：以YS/T 94—2017为标准，产品质量及数量当面点清。合理损耗千分之三，超出部分由甲方承担。

六、结算方式：银行电汇，定金为总货款的百分之十，货到交付后一次性结清所有款项。

七、违约责任：价格和付款期限一经确认不得更改，任何一方违约而造成对方经济损失的，违约方应负担受损方的全部经济损失。⑤

本合同一式两份，甲、乙双方各保存一份，签字盖章生效有效期三个月。

甲方：上海×××有限公司　　乙方：南京×××有限公司
地址：上海市中山路××号　　地址：南京市瑞金路××号
法定代表人：××　　　　　　法定代表人：××
开户银行：×××　　　　　　开户银行：×××
账号：×××××××　　　　账号：×××××××
电话：××××××××　　　电话：××××××××
　×××年×月×日　　　　　×××年×月×日⑥

---

① 标题点明合同性质。

② 顶格写明双方单位全称。

③ 引言交代合同的目的和依据。

④ 用表格明晰标的物的名称、规格、数量、价款等信息。

⑤ 分条写明合同条款，内容完备。

⑥ 落款处签字盖章后合同生效。

任务实施

一、写作训练

奶茶店准备从河南××贸易有限公司定购一套奶茶设备，包括水吧台、制冰机、开水机、萃茶机、奶泡机、鲜奶机、操作台和收银台，赠送封口机，总价35000元。请帮助常小龙拟定一份设备买卖合同。

写作要求：在写作任务手册中完成写作训练，语言简洁，内容全面，条款清晰，格式正确，责任明了。

二、课堂交流

合同是民事、商事活动领域中基本的法律行为形式，大到买房买车，小到网络购物、交水电费等。社会经济生活中，很多事情都离不开合同。请同学们谈一谈，签订合同要注意些什么？

二、知识巩固

完成写作任务手册中的知识巩固，并参考任务评价标准，开展自评、互评与师评。填写任务总结，对本文体的学习进行总结与反思。

文体三 广告词

学习目标

了解广告词的特点，掌握广告词的写作技巧。

能够撰写特色广告词。

培养创新意识，敢于迎接挑战。

文体讲解

写作任务

奶茶店前期准备工作已经完成，即将开张营业。为打响知名度，把奶茶店宣传出去，吸引客源，需要深入人心的广告词。

请同学们集思广益，设计出让人过目不忘的奶茶广告词。

写作指导

一、广告词概述

（一）广告词的含义

广告词，又称广告语，是指通过各种传播媒体向公众介绍商品、文化或者服务等，达到推销推广目的的宣传用语。广告词不是广告，只是广告中的语言文字部分。

（二）广告词的特点

1. 真实性

广告词的宣传用语与推销对象的真实情况相一致，不可做虚假宣传。广告词夸大或与事实不符，不仅会损害顾客的利益，也会损害企业的信誉和形象。

2. 针对性

广告词是针对消费者的心理做出的合理的、有说服性的介绍。

3. 思想性

广告词强调经济效益的同时，也要强调精神熏陶，不能出现内容不健康或与社会主义核心价值观不相符的因素。

4. 引导性

广告词通过形式多样的表达，吸引消费者眼球，引导消费或行为。

（三）广告词的种类

按照广告的内容划分，有商业广告词和公益广告词两类。

1. 商业广告词

商业广告词是宣传商品或服务的广告词，如某品牌汽车广告词、某网站广告词等。

2. 公益广告词

公益广告词是以提高社会公众的道德养成，或推进社会公益事业为目的，而不是以商业利益为目的而写的广告词，如禁烟广告词、防诈骗广告词等。

二、广告词的格式写法

（一）广告词的写作格式

广告词的写作不做字体、字号要求，一般由标题、正文和落款三部分组成。

1. 标题

广告词的标题灵活多样，可以直接以宣传对象的名称或商标作为标题，如《山西名酒竹叶青》《老干妈》等；也可以用功能效用为标题，如《老年人保健鞋为您的家人带来健康》等。

2. 正文

正文包括开头、主体、结尾三部分。

（1）**开头**　是承接标题，转入主体的过渡。可以开门见山，直接点出商品特点，也可以介绍商品的优点。

（2）**主体**　要介绍商品的名称、牌号、规格、性能、特点、用途、价格，企业的经营范围、项目、服务内容，出售的方式、时间、地点、联系方式等。

（3）**结尾**　催促消费者购买，与标题相呼应，文字要简短有力，如强调本商品的优势、公布优惠办法等。

3. 落款

写明生产厂家名称、地址、联系电话等。

（二）广告词的写作注意事项

1. 巧用技巧，易懂上口

广告词要面对的是公众，要做到雅俗共赏，朗朗上口。可以巧用修辞、押韵，借用成语或诗词的技巧引起关注，加深印象。不管使用什么技巧，广告词的语言要规范，明白易懂。

2. 追求新颖，富有鼓动性

广告词要吸引大家注意力，追求新颖，鼓动效果好。好的广告词看一遍就让人难以忘记。

3. 实事求是，杜绝虚假

广告词内容要实事求是，真实是广告的生命力。虚假广告是违法的，不能欺骗公众。

笔记区

4.语言简洁，突出重点

广告词要简明扼要，突出重点信息，讲究音韵搭配，可读性强。人们看到它就知道广告宣传的是哪个商家的哪个产品。广告词一般不超过 12 个字。字数多了不方便记忆、流传。

✓ 例文评析

×× 四季都会①

2021×× 首发作品——四季都会全新亮相，择址城市热土长白南，打造自然主义都会作品。②

建筑面积 65~150m²，静谧洋房、精筑高层，营销中心及实景示范区即将开放。③

乘梦而行，×× 等你。④

联系电话：155×××××××

项目地址：长白南胜利大街会展中心旁⑤

① 直接以宣传对象作标题。

② 开头直接点明宣传对象的名称和特色。

③ 主体部分明确销售内容。

④ 以醒目的宣传标语结尾，呼应标题。

⑤ 落款写明地点、联系方式等。

✓ 任务实施

一、写作训练

常小龙的奶茶店将于 6 月 6 日正式营业，他想设计一则广告词，印制在手提包装袋上，既能方便顾客，又能推广产品。请你帮他撰写一则广告词吧。

写作要求：在写作任务手册中完成写作训练，主题鲜明，文字简洁，构思新颖。

二、课堂交流

文字的魅力无处不在。请结合令你印象最深刻的广告词，谈谈它吸引你的原因，分析它的写作技巧，感受广告词对消费引领的巨大作用。

三、知识巩固

完成写作任务手册中的知识巩固，并参考任务评价标准，开展自评、互评与师评。填写任务总结，对本文体的学习进行总结与反思。

05 生活篇

校园生活已经结束，稚气未脱的年轻人走出校门，离开家庭和学校舒适的避风港，在广阔的社会领域开始自己的新生活。新生活、新环境在带来新机遇的同时，也给初入职场的年轻人带来了新考验，年轻人要更快、更好、更顺利地适应职场生活，需要不断提高应用文的写作能力。应用文作为交流思想、传递信息、沟通感情的工具，深入到社会生活的方方面面。

本篇将生活中租赁房屋、委托办理、借款借物、启事声明等生活情境与应用文写作进行整合，把凭证性条据、租赁合同、委托授权书、启事、感谢信、声明这六种文体的写作放在真实的事件中进行实践练习。

情境一 租赁委托

学习情境

七月是毕业季，每年都会有大量的毕业生离开校园，走向社会，步入职场，完成从学生到社会人的角色转换，这也伴随着一系列思想观念和行为模式的转变。我们要学会处理生活中的各种事务，树立正确的人生理想。

年轻人初入社会生活可能会捉襟见肘，独立的生活首先要解决的就是住房的问题，力所不及的时候还要委托他人帮忙，遇到这些情况时，我们就会使用条据、合同、委托书等应用文。学校学习中获得的应用文写作知识可以帮助大家解决问题，提高办事效率，避免给工作生活造成损失。

文体一 凭证性条据

学习目标

掌握凭证性条据的种类和写作格式。
能够独立写作格式规范的凭证性条据。
坚持诚实守信的职业操守，增强遵纪守法和自我保护的意识。

写作任务

假如你是应届毕业生，即将结束学校的住宿生活，走向工作岗位。实习期工资较少，你又离家在外，需要租房暂居，可能需要父母继续资助。无论向谁借钱借物，都需要我们按诚信的原则处事，写好凭证性条据。

请根据特定的任务拟写一份借条。

写作指导

文体讲解

一、凭证性条据概述

（一）凭证性条据的含义

凭证性条据是单位或个人为办理涉及钱财和物品的各种手续而留下的存根。这种作为凭据的字条就是凭证性条据，它具有一定约束力和法律效力，需妥善保存。

（二）凭证性条据的特点

1. 简便性

凭证性条据内容单一，叙事简明扼要，运用起来灵活方便。

2. 时间性

凭证性条据写作中必须慎重标明准确的借、还、欠、领的时间，以免因含混不清造成纠纷。

3. 准确性

凭证性条据的语言表述力求准确无误，切忌浮夸，模棱两可。

4. 约束性

凭证性条据具有法律效力，书写必须慎重合法，当事人在署名落款时，手续要交代明白，因为一经签订，即对当事人形成约束，要求按据履行。

（三）凭证性条据的种类

1. 借条

借条指借到个人或单位的钱、物时所写的条据，是一种非正式契约，通常在归还了钱物后，由立据者收回或销毁。从法律的角度看，借条是表明债权债务关系的书面凭证，一般由债务人书写并签章。

2. 收条

收条指收到对方钱或物后写给对方作为凭证的条据。

3. 欠条

欠条是购物或归还财物时，因未能全额付清，根据拖欠情况而给对方出具条据，以便对方将来据此追款。

4. 领条

领条是在发放财物时，由领取人写的书面凭证，以便发放人结账、报销。

二、凭证性条据的格式写法

（一）凭证性条据的写作格式

凭证性条据一般包括标题、正文、落款三个部分。在合法的条件下订立的凭证性条据可以是手写的，也可以是打印的，电子版字体、字号可参照国家公文标准，以表严肃、正式。

1. 标题

标题在第一行居中位置写"借条""收条""欠条"或"领条"。

2. 正文

正文是凭证性条据的主体部分，在标题下一行左空两字位置开始写，以"今借到""今领到""今收到"等字样开头，以表明性质。有的凭证性条据没有标题，直接在第一行空两字位置以"今借到""今领到""今收到"起始，再从第二行顶格写条据的具体事实。正文内容要写明条据的具体事实，如从何处借到、收到或领到什么财物，一定要详细写明名称、性质、种类、数量、时间等。一般在文尾或另起一行空两字位置，写"此据"两字。

3. 落款

落款包括署名和日期，一般写在正文右下角，写上经手人姓名和日期。打印的凭证性条据要在落款处由当事人亲笔签名。

（二）凭证性条据的写作注意事项

1. 书写清晰

凭证性条据需要保存下来作为凭证，所以一般由本人用不易褪色的钢笔或水性笔书写，字迹工整、清晰，不得随便涂改。如有涂改，应在涂改处签字或按手印，以示负责。

2. 数字需大写

正文中涉及财物数量的要使用大写的"壹、贰、叁、肆、伍、陆、柒、捌、玖、拾、佰、仟、万"，钱款数额前要写上币种名称，数额后要写上"整"字作结。

3. 具名准确

凭证性条据落款处需由立据人亲笔签真实姓名，单位出具的条据需落单位全称，加盖公章，并由经手人签字；立据日期必须写全年月日。

4. 避免歧义

凭证性条据内容的书写要规范明了，用词要准确无误，避免歧义。如"今借到"与"今借"，虽一字之差，法律效应却完全不同；多音字"还"出现在不同的语句里也表达不同的意思，立据时要避免使用。

例文评析

欠条①

今欠陆×阳房租人民币伍仟元整（¥5000.00元），此款项应在两个月内还清，即2020年10月1日前还清，逾期不能还款，陆×阳享有追讨权及向法院诉讼追讨的权利。②

欠款人：刘蒙

2020年8月1日③

① 标题居中。

② 正文涉及币种钱数明确，大小写一致，归还时间交代清楚明晰。

③ 落款处亲笔签名，署立据日期。

任务实施

一、写作训练

同学们初入职场，可能还没有足够的收入应对日常生活的开销，独立生活都会有手头紧的时候，职场新手难免会遇到借钱或被借钱的情况。假设你要向家人借一笔5500元的租房费用，请写一张借条，以为承诺。

写作要求：在写作任务手册中完成写作训练，格式准确，书写规范。

二、课堂交流

同学们即将走上工作岗位，要面对社会生活中的各种情况，很多人对借条与欠条的法律含义缺乏应有的认识。请大家讨论一下，在熟悉的同学、同事或者朋友亲戚之间借钱要不要打借条，为什么？

三、知识巩固

完成写作任务手册中的知识巩固，并参考任务评价标准，开展自评、互评与师评。填写任务总结，对本文体的学习进行总结与反思。

文体二 租赁合同

学习目标

了解租赁合同的特点和写作格式，熟悉租赁合同应包括的条款。

能够运用租赁合同的知识解决生活中的实际问题。

做到言行一致，诚实守信，恪守道德规范。

写作任务

告别了学校生活，有的同学可能要离开家乡到外地工作，初入职场，首先面临的问题就是租房子，找到了合适的房子，就要跟房东签订租房合同。

请参考租赁合同模板，结合自己的实际情况，拟定一份房屋租赁合同。

写作指导

一、租赁合同概述

（一）租赁合同的含义

租赁合同是出租人将租赁物交付承租人使用、收益，承租人支付租金的合同（《中华人民共和国民法典》第703条）。租赁合同的标的物范围极为广泛，可以是房屋、厂房、仓库、建设用地等不动产，也可以是书籍、杂志、录影带、机器设备等动产。

（二）租赁合同的特点

1. 租赁合同是有偿双务合同

签订租赁合同的出租人和承租人任何一方从对方取得利益，都要支付一定代价，双方都负有一定的对应性的给付义务。

2. 租赁合同是诺成合同

租赁合同是双方当事人意思表达一致时成立，不以交付租赁物为必要。

3. 租赁合同的标的物是有体物

租赁合同的标的物是有体物、非消耗物。可以是动产、不动产，但无形物不能作为租赁合同的标的物。

4. 租赁合同是不要式合同

租赁合同的订立并不需要采取特定的形式，当事人可以采取口头形式，也可以采取书面形式。《民法典》第707条规定："租赁期限六个月以上的，应当采用书面形式。当事人未采用书面形式，无法确定租赁期限的，视为不定期租赁。"违反本条规定的合同并非无效，而是被视为"不定期租赁"，各当事人可随时终止合同。《民法典》第706条规定："当事人未依照法律、行政法规规定办理租赁合同登记备案手续的，不影响合同的效力。"

5. 非永久性

租赁合同具有非永久性。《民法典》第705条规定："租赁期限不得超过二十年。超过二十年的部分无效。租赁期限届满，当事人可以续订租赁合同；但是，约定的租赁期限自续订之日起不得超过二十年。"

（三）租赁合同的种类

1. 动产租赁和不动产租赁合同

按租赁物的种类、性质区分，可分为动产租赁和不动产租赁合同。对动产租赁，除以汽车、船舶、航空器等为租赁标的物的租赁外，法律一般不对之作特殊规定；对不动产租赁，由于土地、房屋等价值较大，法律往往会作出特殊要求，如要求进行登记。

2. 定期租赁与不定期租赁合同

以租赁合同是否有约定的租赁期限为标准，可以分为定期租赁合同与不定期租赁合同。在不定期租赁中，除非法律另有规定，双方当事人均可随时终止合同。

3. 一般租赁与特殊租赁合同

《中华人民共和国民法典》合同编第十四章规定的租赁合同为常态的、典型的租赁合同，即一般租赁合同。租赁合同的标的物包括土地、房屋、生产设备等营业与一般居家的基本要素，而上述要素对国家的经济与社会发展又有相当影响，因此对一些租赁加以特别规范，使其成为特殊租赁。在我国船舶租赁合同与城镇房屋租赁合同均为特殊租赁合同。

二、租赁合同的格式写法

（一）租赁合同的写作格式

租赁合同一般包括标题、约首、正文、落款四部分。

1. 标题

标题一般由合同标的、合同性质和文种构成，多用二号小标宋体或黑体字居中编排，如《生产设备租赁合同》《写字楼租赁合同》等。

2. 约首

约首一般包括合同编号、当事人信息等。在标题下第二行、第三行顶格位置分别写明甲方（出租人）和乙方（承租人）的真实姓名或法定单位名称。当事人为自然人的，除了身份证上标明的姓名外，还应同时注明其公民身份证号码，以示区分。

3. 正文

正文包括引言、合同条款和结尾，多用小四号宋体字排版。

（1）引言　说明签订合同的依据和原则。

（2）合同条款　分条陈述租赁物的名称、数量、质量、用途、租赁期限、租金与支付期限和方式、租赁物维修、违约责任等。

1）租赁物的名称。写明出租人和承租人双方权利与义务的标的物。

2）租赁物数量、质量。明确租赁物数量和质量，便于出租人准确地履行交付租赁物的义务，承租人准确接收租赁物并妥善保管租赁物。

3）租赁物用途。写明租赁物的约定用途，承租人要按约定的用途正确、合理地使用。

4）租赁期限。定期租赁合同在租赁期限到期后自然终止，不定期合同，出租人和承租人可以随时解除合同。租赁期限不得超过20年，超过20年的，超过部分无效。

5）租金与支付期限和方式。租金可以是当事双方认可的金钱或实物支付，支付方式可以是双方认可的现金或转账方式，可以按年度、季度、月度等支付。

6）租赁物维修。维修一般由出租人承担，除非双方另有约定。

7）违约责任。合同当事人不履行合同或不适当履行合同所承担的责任。

（3）结尾　包括合同的有效期限、合同文本份数等内容。

4. 落款

在正文下方左侧落甲方及名称，中线右侧落乙方及名称，下方对应位置分别写明联系电话、地址、签约日期等信息，并为双方当事人预留大致相等的签字、盖章空间。

（二）租赁合同的写作注意事项

1. 遵循平等、自愿、合法、诚信原则

由出租人和承租人在协商一致的情况下，签订租赁合同，符合法律、法规要求。

2. 按法律、法规的规定采用适当形式

订立合同有书面形式、口头形式等，租赁合同的租赁期限为六个月以上的，应当采用书面形式。

3. 按法律、法规完善主要条款

不同的租赁合同其条款也不同，其内容要完备，条理须清晰，信息要准确。

笔记区

例文评析

商品房租赁合同①

甲方（出租人）：张燕

乙方（承租人）：李海②

　　甲乙双方经过友好协商，就房屋租赁事宜达成如下协议，约定共同遵守。③

　　第一条　房屋基本情况

　　1. 甲方房屋位置在××省××市××区××街××小区×号楼×单元402室（以下称该房屋）。④

　　2. 该房屋为两室一厅一厨一卫，建筑面积88.36平方米，简单装修（地板、瓷砖），两间卧室各配双人床一张，卫生间配全新海尔电热水器、海尔洗衣机各一台，厨房配有八成新吸油烟机和燃气灶。⑤

　　第二条　用途

　　乙方使用甲方房屋用于生活居住，不得擅自转让、转租、擅自改变使用用途。

　　第三条　租赁期限

　　乙方租赁期为一年，时间从2020年7月12日起至2021年7月12日止。

　　第四条　租金费用及支付方式

　　1. 乙方每月向甲方支付租金人民币壹仟捌佰元整（¥1800.00元），一次缴纳三个月租金，一年分四次缴清租金，可以通过银行转账或微信、支付宝转账。

　　2. 甲方需向乙方提供供水、供电、供暖、电梯、保安，公共设施的管理、维修及公共场所清洁卫生等综合服务，乙方每月向甲方支付综合服务费捌

① 标题第一行居中。

② 第二行顶格写甲方，第三行顶格写乙方。

③ 简要写明双方订立合同的原则。

④ 房屋位置信息，具体到门牌号。

⑤ 房屋基本情况介绍详细，便于收房验收。

佰伍拾元整（¥850.00元），乙方应于每月15日前交清，可以通过银行转账或微信、支付宝转账。⑥

　　第五条　甲方责任

　　甲方负责对出租房屋的维修（如果是乙方使用不当造成的需要维修的项目，乙方负责其发生的维修费用），确保乙方使用安全。

　　甲方不承担因乙方对房屋进行装修拆改，或不可抗力的原因导致的乙方财产、人身安全等损失的责任。

　　第六条　乙方责任

　　乙方依约使用租赁房屋，交付租金、综合服务费、水电费、电话费、采暖费、煤气费，逾期不交须缴交滞纳金，即乙方每逾期一天应按应缴费用总金额的20%向甲方缴交滞纳金。

　　乙方在使用租赁房屋期间，必须自觉遵守国家有关法律、法令，注意防火安全、治安管理，乙方若违反上述条例应承担一切经济法律责任。

　　租赁期满或合同解除，乙方必须按时搬出全部物件。搬迁____日内房屋里仍有余物，视为乙方放弃所有权，由甲方处理。⑦

　　第七条　争议解决方式

　　本合同在执行过程中发生的争议，由双方当事人协商解决；协商不成的，可以按照下列第____种方式解决：

　　1. 提交_____仲裁委员会仲裁；

　　2. 依法向人民法院起诉。

　　本合同一式两份，甲乙双方各执一份；合同副本一式两份，交____市(县)房产局等单位各留存一份。⑧

　　甲方：　　　　　　　　　　　　乙方：
　　地址：　　　　　　　　　　　　地址：
　　电话：　　　　　　　　　　　　电话：
　　　　年　月　日　　　　　　　　　年　月　日⑨

⑥ 房屋用途、租赁期限、租金及支付方式等明确具体。

⑦ 甲方责任、乙方责任明确具体。

⑧ 结尾写明合同份数及归属。

⑨ 合同落款处由合同双方亲笔签字，留好电话，签署签约日期。

✅ 任务实施

一、写作训练

如果你是准备租房的应届毕业生，通过APP找到了一处合适的房源，请草拟一份租房合同。

写作要求：在写作任务手册中完成写作训练，格式正确，条理明晰，甲乙双方权利义务具体详细。

二、课堂交流

同学们走上工作岗位后，很有可能会参与各种租赁合同的签署事宜，既要解决生活实际问题，又要维护自身的权益。请以小组为单位讨论，承租人在签署租赁房屋的合同时要注意的条款和事项。

三、知识巩固

完成写作任务手册中的任务实施，并参考任务评价标准，开展自评、互评与师评。填写任务总结，对本文体的学习进行总结与反思。

文体三 授权委托书

📺 学习目标

了解授权委托书的含义，掌握授权委托书的写作格式。

能够运用所学知识写作规范的授权委托书。

弘扬中华传统文化讲仁爱、守诚信、崇正义的时代价值。

🏷 写作任务

当今社会人们追求交易的便捷与快速，当委托人因受时间、地点、健康、知识水平及能力等条件限制，不能或不便自己处理一些事务时，可以委托代理人进行代理，这时就需要写作授权委托书。

尹×毕业后去了异地工作，他想全权委托朋友赵×将他在本地的商品房出售，请你帮助尹×起草一份授权委托书。

✉ 写作指导

文体讲解

一、授权委托书概述

（一）授权委托书的含义

授权委托书是当事人将代理权授予委托代理人，让委托代理人以自己的名义在自己授权的范围内，代为实施一定行为的一种法律文书。

委托他人处理自己事务的人称为委托人，接受委托的人称为受托人。授权委托是委托人单方面的授权行为。授权委托书的双方当事人可以是自然人、法定代表人、法定代理人或者律师、社会团体等。

（二）授权委托书的特点

1. 证明性

授权委托书是一种证明性材料，是委托人授权给委托代理人，使其代表自己进行诉讼或民事权利活动的依据和凭证。

2. 代理性

受委托人签订授权委托书后，必须在授权范围之内把受委托代理的事情办好，对委托人负责。

3. 法律性

委托人授权代理的事务自始至终受到法律基本原则的制约。授权委托书一经公证或交法院保存后，就产生法律效力，所以，委托人对受委托人在其授权范围内的行为承担一切法律后果。

（三）授权委托书的种类

1. 诉讼代理授权委托书

诉讼代理授权委托书是指民事活动当事人把诉讼权利以书面形式授予代理当事人代为行使的证明文书。

2. 民事代理授权委托书

民事代理授权委托书是当事人把民事代理权以书面形式授予委托代理人的证明文书。当今社会人们追求便捷快速的生活，许多事务因为时间、地点和工作冲突无法亲力亲为，通过这种民事代理授权可以给许多人的生活带来方便。

二、授权委托书的格式写法

（一）授权委托书的写作格式

授权委托书由标题、正文、落款三部分构成。授权委托书可以手写并签字，也可以打印并签名，对于字体字号不做具体要求。

1. 标题

标题一般在第一行居中写"授权委托书"或"委托书"，多用二号黑体字。

2. 正文

正文部分是授权委托书的核心部分，一般包括以下几个方面：

（1）**委托人和受委托人基本情况**　第二行第三行分别空两字写委托人和受委托人的情况，包括姓名、性别、年龄、职业、现住址以及联系方式等。如果委托人是法人的，应写清法人的全称、地址、法定代表姓名等情况。

（2）**委托人意愿**　写明委托授权出自委托人自愿，委托经过受委托人同意。

（3）**委托事项**　写明具体的委托事项，内容较多时可分条说明。在民事代理中，代理人受托的事项必须是具有法律意义的，能够产生一定法律后果的民事行为。

（4）**委托的权限范围**　写明委托的权限范围。委托的权限范围是代理人实施代理行为的有效依据，必须明确。

在民事代理中，委托人授予代理人的代理权分三种，一是一次委托，即代理人只能就受托的某一项事务办理民事法律行为；二是特别委托，即代理人受托在一定时间内连续反复办理同一类性质的民事法律行为；三是总委托，代理人受托在一定时期内办理某类或某一种标的物多种民事法律行为。

在民事诉讼代理中，委托代理权分两种，一种是一般委托，如提出证据、进行辩论、申请财产保全等；第二种是特别委托，即代理人受托进行重大诉讼行为，有权代理当事人承认、变更、放弃诉讼请求，有权提起上诉或反诉，有权与当事人和解等。

3. 落款

在正文右下方由委托人和受委托人签名盖章，并标明签署日期。

（二）授权委托书的写作注意事项

1. 委托人签名盖章

委托他人代为诉讼时，必须及时向人民法院提交有委托人签名盖章的授权委托书。

笔记区

2. 委托事项明确具体

授权委托书具有法律效力，授权委托事项和期限必须明确具体，不可草率从事，模棱两可，否则会给代理工作造成困难，甚至让代理人和委托人之间产生纠纷。

3. 语言准确严密

授权委托书语言表达要做到准确、精练、严密，避免含混不清，产生歧义。

4. 办理公证

授权委托书要合法化，应当办理公证，以确保委托书的真实性和合法性。

例文评析

诉讼委托书[①]

委托人：林小×　　男　　汉族　　53岁
　　　　辽宁省沈阳市人　沈阳市××学校教师

受托人：汪××　　男　　汉族　　46岁
　　　　辽宁省沈阳市人　沈阳××律师事务所律师[②]

根据法律规定，委托人林小×为解决财产纠纷，自愿委托沈阳××律师事务所汪××律师，并经其同意全权代理处理财产纠纷的一切事宜。[③]

委托人：　　　　（盖章）
受托人：　　　　（盖章）
2021年8月10日[④]

[①] 标题首行居中，黑体二号字。

[②] 正文开头，明确委托人和受托人的情况。

[③] 正文主体部分，写明委托人具体委托事项，权限内容表述清晰，没有歧义。

[④] 落款，正文右下方，委托人和受托人签名盖章，标明具体日期。

任务实施

一、写作训练

2021年9月，尹×（男，22岁，××公司销售部业务员，辽宁省辽阳市人）毕业后一直在福建工作，老家辽阳市有一处房产（辽阳市××区××街×路××小区A座2201室）需要委托他的朋友赵×（男，22岁，××公司辽阳分公司经理，辽宁省辽阳市人）代为出售，请你帮委托人尹×拟写一份授权委托书，委托朋友赵×帮忙办理房屋出售事宜。

写作要求：在写作任务手册中完成写作训练，格式正确，内容条理明晰，结构完整。

二、课堂交流

同学们在工作中涉及自己不能直接参与必须委托授权时，必须对自己所授权的事项、范围和权限仔细斟酌，反复推敲，使委托授权合理合法，切不可草率从事。请大家讨论一下授权委托时有哪些注意事项。

三、知识巩固

完成写作任务手册中的知识巩固，并参考任务评价标准，开展自评、互评与师评。填写任务总结，对本文体的学习进行总结与反思。

情境二　寻人寻物

学习情境

岁月更替，华章日新，每一年春运都是一段关于"回家"的故事与温情。从"通宵排队"到"网络购票"，从"和谐"首秀到"复兴"奔驰，出行越来越便利，但在候车室、候机大厅总是有一些人需要我们伸出援手，解忧助困。也许他是不会使用智能手机的老年人，也许他遗失了贵重财物，也许他与家人走失……

当有人需要帮助的时候,我们总能看到"雷锋"的身影,守护着我们归乡的路。

助人为乐、为人民服务正是雷锋精神的核心,也是社会主义核心价值观的体现。雷锋精神,人人可学,处处可为。新青年们已经接过弘扬雷锋精神的旗帜,用行动书写新时代的雷锋故事,让雷锋精神薪火相传。

文体一 启事

学习目标

了解启事的含义和种类,掌握启事的写作格式。

能够独立撰写寻找类启事。

深刻理解雷锋精神内涵,能尽己所能帮助身边有需要的人。

写作任务

雷锋曾说"我要把有限的生命,投入到无限的为人民服务之中去。"学习雷锋精神,不仅要读雷锋故事,悟雷锋精神,更要在生活中践行雷锋精神,展示时代担当。当你身边有人丢失了物品,或拾到物品无人认领时,责无旁贷地伸出援手吧!

请根据实际需求撰写一则寻物启事。

写作指导

文体讲解

一、启事概述

(一)启事的含义

"启"字含有"陈述"的意思;"事",即"事情"。启事,就是公开陈述事情。作为应用文体,它是机关、团体、单位、个人有事情需要向公众说明,或请求予以支持并协助办理时所写的一种说明事项、通过传媒公开的告知性文书。

(二)启事的特点

1. 广泛性

启事具有内容的广泛性、告知的回应性、参与的自主性以及传播的新闻性等特点,其应用极为广泛。

2. 公知性

启事主要用于向社会各界公开陈述或说明某些事项,目的在于吸引和招徕公众参加。

3. 开放性

启事常借助广播、电视、报纸、期刊等新闻媒介广为传播;也可以在人们活动频繁的场所或人员聚集地区公开张贴。

4. 灵活性

启事形式多样,篇幅短小精悍。

(三)启事的种类

启事按其内容性质的不同,可分为以下五大类:

1. 征召类启事

征召类启事是为了求得公众的配合与协作，告知他人征求、召集人或物的启事。招生启事、招聘启事、征稿启事、征婚启事等都属于征召类启事。

2. 周知类启事

周知类启事是为了开展工作和业务，把某些事项公之于众，以便让公众知晓的启事。更名启事、开业启事、迁址启事等都属于周知类启事。

3. 寻找类启事

寻找类启事是向社会申明寻找丢失物品或查询有关人员，求得公众响应和协助的启事。寻人启事、寻物启事、招领启事等都属于寻找类启事。

4. 礼仪类启事

礼仪类启事是向别人公开表达谢意或公开致歉所使用的启事。志庆启事、志喜启事、鸣谢启事、致歉启事等都属于礼仪类启事。

5. 声明类启事

声明类启事是启事事项按法律程序进行公开声明所使用的启事，登报后对其引起的事端将不再承担法律责任。遗失启事、更正启事等都属于声明类启事。

二、启事的格式写法

（一）启事的写作格式

启事多用于刊登或张贴，字体、字号可根据实际情况设计排版。启事的结构一般包括标题、正文、落款三个部分。

1. 标题

标题一般由内容和文种构成，写于首行居中位置；有的启事事项比较特殊、少见，可直接用文种做标题；有时为了醒目，还可以在以上的基础上加上单位名称或事由，如《××商场重装开业启事》《××学校"红心向党"主题征文启事》等。

2. 正文

标题下行左空两字位置写正文，一般包括具体事项和附项两部分：

（1）**具体事项**　向大家说明或提醒大家留意的事项，包括目的、意义、形式、内容、要求等。不同的启事，写法不尽相同，形式应为内容服务，如寻找类启事多用配图提供线索。

（2）**附项**　即联系人、联系地址、电话及答谢方式等信息，为了醒目，常用粗体字标注。

3. 落款

在正文右下方分行书写，先署启事者姓名，后署发文日期。

（二）启事的写作注意事项

1. 标题醒目

启事的标题应简短、醒目，主旨鲜明突出，能抓住公众的注意力。

2. 实事求是

对所陈述各项内容均应如实写出，既不可夸大也不能缩小。

3. 一事一启

启事的内容要求单一，最好一事一启，便于公众把握信息，迅速做出反应。

4. 简明扼要

语言要简洁明了，通俗易懂，力求给人一目了然的感觉，并恰当使用礼貌用语。

三、寻物启事的格式写法

（一）寻物启事的写作格式

寻物启事一般包括标题、正文和落款三个部分。

1. 标题

寻物启事的标题可以直接写"寻物启事"，也可以由文种名和具体丢失物名构成。如"寻书启事""寻自行车启事"等。

2. 正文

（1）**丢失物品的具体情况**　包括丢失物的名称、外观、规格、数量、品牌等，同时要写明丢失的原因、时间和具体地点。

（2）**送还情况**　交代清楚拾物者送还的具体方式，或注明发文者的详细地址、联络方式等。

（3）**酬谢情况**　寻物启事是求人协助寻找的，故除文中写些表示谢意的话外，还可以写明给予拾到者必要的酬金之类的话。

3. 落款

正文右下方署启事者姓名，下行同一位置署发文日期。

（二）寻物启事的写作注意事项

1. 多渠道发布，合法张贴

寻物启事无论是个人寻找丢失物或是单位寻找丢失物，均是公开张贴或散发的，要依法发布，发布范围要广，可选择网络、媒体等多种渠道尽快扩散，以期找回所丢失的物品。

2. 内容要详尽，行文诚恳

由于寻物启事是求人协助寻物的，要详细描述丢失物品的特征，行文中要表达感激之意。必要时，还要写明酬谢的具体方式，并依照履行。

四、招领启事的格式写法

（一）招领启事的写作格式

招领启事主要包括标题、正文、落款三部分内容。

1. 标题

在首行居中位置写"招领启事"或"失物招领"，字体稍大，引起注意。

2. 正文

一般来说，在招领启事中只写明拾到物品的时间、地点、名称，以及失主到何地、找何人认领。数量、具体特征等情况留待失主认领时核实，以防止他人冒领。

3. 落款

正文右下方写明发文单位名称或个人姓名，下行同一位置署发文日期。

（二）招领启事的写作注意事项

1. 不宜描述失物具体特征

招领启事中物品的外观、规格、品牌信息、证件的号码、人民币的数量不能详写，以防冒领。必要时可提示失主携带证明身份的材料领走失物。

2. 体现个人文明素养

招领启事的写作目的是寻找失主，物归原主。它是拾金不昧道德风尚的体现，能引领社会正能量。

例文评析

寻物启事①

本人于 2021 年 7 月 26 日上午 10 点 30 分左右在中山公园东门附近，不慎遗失灰色的手提包一个，内有会议记录、身份证、毕业证书、现金若干，以及银行卡两张。有拾得者请及时送还，当面酬谢 200 元。②

联 系 人：刘先生、李女士
联系电话：157××××××××
　　　　　158××××××××③

刘 ×
2021 年 7 月 26 日

① 标题用较大字号，吸引注意力。

② 正文写明遗失的具体时间和地点，详细描述物品特征，配合照片更确定。

③ 联系人及电话加粗强调。

任务实施

一、写作训练

2022 年 1 月 25 日，66 岁的李志国准备乘坐 G701 次列车，从沈阳回老家哈尔滨过年，在沈阳站候车时不慎遗失了行李，内有华为平板电脑一台、相册一本、钱包一个（内有现金 2500 元）、年货两包和私人衣物五件。因为电脑和相册对李志国有重要意义，所以急于寻回。李志国的联系电话是 186××××3344。请根据上面的信息，帮助他写一则寻物启事。

写作要求：在写作任务手册中完成写作训练，格式正确，表述明确。

二、课堂交流

奉献是雷锋精神的内涵之一。赠人玫瑰，手有余香。奉献、付出也是一种幸福，一种自我肯定。请同学们讨论，在帮助他人、奉献社会的过程中，我们都收获了什么？

三、知识巩固

完成写作任务手册中的知识巩固，并参考任务评价标准，开展自评、互评与师评。填写任务总结，对本文体的学习进行总结与反思。

文体二　感谢信

学习目标

掌握感谢信的格式写法。
能够撰写情感真挚的感谢信。
将"雷锋精神"内化于心，外化于行，争做新时代的"雷锋"。

写作任务

春运期间，旅客李志国不小心遗失了自己的贵重物品，幸好他遇到了乐于助人的青年人钱锋。钱锋不仅帮助老先生发布寻物启事，还帮忙寻回了遗失物品。钱锋以实际行动诠释了新时代的雷锋精神。

请代表李志国给钱锋写一封感谢信。

写作指导

文体讲解

一、感谢信概述

（一）感谢信的含义

感谢信属于专用书信，是一种重要的礼仪文书。它是向帮助、关心和支持过自己的集体（党政机关、企事业单位、社会团体等）或个人表示感谢的书信。

感谢信不仅有感谢的意思，还有表扬的意思，可以直接给对方或对方所在单位，也可以张贴在对方单位内或所在地的公共场所，还可以交给报纸刊登、电台广播、电视台播映。

（二）感谢信的特点

1. 真实性

主要体现在两方面，一是感谢的对象要真实；二是叙述的事情要真实。要避免在感谢信中夸大或缩小事实。

2. 真挚性

感情要真挚、饱满，感激、鸣谢之情要洋溢在字里行间。表达谢意的行动也要符合实际，切实可行。

3. 感召性

感谢信中除了表达感激之情，还可适当地加以议论和评价，使被感谢的一方受到鼓舞和鞭策，感谢一方从中也受到教育和激励，对其他人也有一定的感染力和号召力。

（三）感谢信的种类

1. 按感谢对象的特点划分

（1）写给集体的感谢信　一般是个人处于困境时，得到了集体的帮助，并在集体的关心和支持下，自己最终克服了困难，渡过了难关，要用感谢信的方式表达自己的感激之情。

（2）写给个人的感谢信　是个人、单位或集体为了感谢某个人曾经给予的帮助或照顾而写的感谢信。

2. 按感谢信的存在形式划分

（1）公开张贴的感谢信　公开张贴的感谢信包括可在报社登报、电台广播或电视台播报的感谢信。

（2）寄给单位、集体或个人的感谢信　不采用公开张贴的方式，直接寄给单位、集体或个人。

二、感谢信的格式写法

（一）感谢信的写作格式

一般情况下，手写感谢信更显诚意，电子版字体、字号不做统一要求。通常感谢信由标题、称谓、正文、结语和落款五部分构成。

1. 标题

感谢信的标题写在首行居中位置,可以直接写文种名称,也可以在文种前加定语,说明感谢者、感谢对象或感谢缘由,如"致驰援河南抗洪一线消防官兵的感谢信""助学感谢信"等。

2. 称谓

标题下行左顶格位置写被感谢的机关、单位、团体或个人的名称或姓名,并在个人姓名后面附上"同志"等身份称呼,以示尊重,后接冒号。

3. 正文

称谓下一行左空两个字位置写正文,通常分段写出以下几个方面内容:

(1)感谢的事由 概括叙述感谢的理由,表达谢意。

(2)对方的事迹 具体叙述对方的先进事迹,叙述时务必交代清楚人物、事件、时间、地点、原因和结果,尤其重点叙述关键时刻对方给予的关心和支持。

(3)揭示意义 在叙述事实的基础上指出对方的支持和帮助对整个事情成功的重要性以及体现出的可贵精神。同时表示向对方学习的态度和决心。

4. 结语

感谢信收束时要写表示敬意、感谢的话语,如"此致敬礼""致以最诚挚的敬礼"等。

5. 落款

正文右下方落款,先署感谢组织名称或感谢人姓名,转下行同一位置署成文日期。

笔记区 ✏

(二)感谢信的写作注意事项

1. 内容要真实,评誉要恰当

感谢信的内容必须真实,确有其事,不可夸大溢美。感谢信以感谢为主,兼有表扬,所以表达谢意时要真诚,评誉对方时要恰当,不能过于拔高,以免给人一种失真的印象。

2. 用语要适度,叙事要精练

感谢信要精练、简洁,避免过度描述细节,详略要得当。表示感谢要符合双方的身份,遣词造句把握好度,不可过分雕饰,否则会给人一种不真实、虚伪的感觉。

◆ 例文评析

致防汛救灾青年志愿者的一封感谢信[1]

亲爱的青年志愿者朋友们:

在此向所有奋战在防汛救灾一线的青年志愿者道一声:你们辛苦了![2]

7月20日,郑州暴雨如注,降雨量突破有气象记录以来历史极值。面对突如其来的汛情,青年志愿者迅速集结,以雨为令、闻汛而动、冲锋在前,一道凝聚着同心合力的防汛救灾志愿防线,在郑州筑起!截至目前,全市近3万余名青年志愿者活跃在防汛救灾第一线,开展应急救援、爱心捐助、物资搬运、心理疏导、卫生防疫、淤泥清理等志愿服务。[3]

青年志愿者朋友们,你们不畏艰险、勇挑重担,从全国各地积极奔赴防汛一线;你们奋不顾身、无所畏惧,只为救起素未谋面的陌生人;你们英勇

[1] 标题由事由和文种构成。

[2] 正文开头先概述感谢事由。

[3] 叙述对方的先进事迹,重点叙述关键时刻对方给予的关心和支持。

向前、从不后退，只为用实际行动确保群众生命财产安全；你们勇于担当、主动请缨，坚守社区，争当防汛救灾和灾后重建的先锋队；你们无私奉献、不辞辛苦，众志成城守家园；你们心中有爱、传递真情，捐献物资暖人心！你们用使命与担当、辛劳与汗水筑起防汛一线的"青春堤坝"！④

风雨同舟，志愿同行！感谢广大团员青年、青年志愿者为郑州防汛救灾做出的积极贡献，特别感谢长期奋战在防汛一线的各青年志愿者队伍，共青团郑州市委将分批次公布青年志愿者队伍名单，现公布第一批名单，名单附后。⑤

共青团郑州市委
2021 年 7 月 25 日⑥

④ 指出对方的支持和帮助对整个事情成功的重要性以及体现出的可贵精神，揭示意义。

⑤ 表达敬意和感谢。

⑥ 落款署致谢单位和成文日期。

✓ 任务实施

一、写作训练

钱锋因为帮助李志国寻找行李箱，错过了自己乘坐的列车，李志国拿出酬金表示感谢，被钱锋婉拒。钱锋说："我虽然姓钱，但我要做雷锋。"请以李志国的名义给钱锋写一封感谢信。

写作要求：在写作任务手册中完成写作训练，格式规范，感情真挚，传递社会正能量。

二、课堂交流

习主席出席十二届全国人大二次会议解放军代表团全体会议时，对"雷锋连"指导员谢正谊说："雷锋精神是永恒的，是社会主义核心价值观的生动体现。"请同学们谈一谈对习主席这句话的理解。

三、知识巩固

完成写作任务手册中的知识巩固，并参考任务评价标准，开展自评、互评与师评。填写任务总结，对本文体的学习进行总结与反思。

文体三 声明

💻 学习目标

掌握声明的含义及格式写法。

能撰写格式规范的声明。

坚定自己的态度和立场，弘扬雷锋精神，引领道德风尚。

🏷 写作任务

钱锋的事迹受到了表扬和社会上的肯定，网络上也出现了钱锋的营销抖音号，以钱锋的照片和采访视频做网络推广。经核实，这些都是未经钱锋允许的盗用行为，钱锋决定维权。

请帮助钱锋拟写一份维权声明。

写作指导

一、声明概述

（一）声明的含义

声明是组织或个人就有关事项或问题，公开向社会各界申明，表明自己的立场或态度，让更多人知晓的公告性文体。

（二）声明的特点

1. 公开性

声明要对相关事项或问题公开宣布，让公众知晓自己的立场和态度，有时还要在媒体发布。

2. 警示性

声明一方面警示消费者或相关人员不要相信侵权者的宣传，另一方面警告侵权者必须立即停止侵权行为。

3. 法律规范性

声明的一个重要功能就是表示自己对侵权者的行为不负任何法律责任。为了使声明更具有法律规范性，可以将维权声明以律师声明的方式发表。

（三）声明的种类

根据声明目的的不同，可以分为遗失声明和维权声明。

1. 遗失声明

遗失声明是在遗失了发票、公章、证件等重要凭据或证明文件时，为防止他人冒领、冒用而发表的声明。如身份证、毕业证、驾驶证、支票、财务章等丢失，都可以声明作废。

2. 维权声明

维权声明是企业、机构或个人在正当利益被侵犯时所发表的用以维护自身权益的声明。如企业的经营权、个人的肖像权、隐私权、名誉权等受到侵犯时，都可以发表维权声明，进行自我保护。

二、声明的格式写法

（一）声明的写作格式

声明一般包括标题、正文、结语和落款四个部分。

1. 标题

声明的标题多用二号小标宋体字，写于首行居中位置。一般由发文机关、事由和文种构成，如《××集团关于反商业贿赂行为的声明》，其中发文机关和事由可省略，如《知识产权声明》；如直接以文种为标题，也可在前面加表态度的修饰词，如《严正声明》。

2. 正文

声明的正文内容多用三号仿宋字体编排，一般先交代事件或问题的实际情况，然后就此表明自己的立场、观点、态度和主张，最后提出将要采取的方法、措施等。遗失声明要附有遗失证件或票据的号码。

3. 结语

声明可以"特此声明"作为结语，有时也可以省略结语不写。

笔记区

4. 落款

落款是在正文的右下方书写声明单位名称或个人姓名，注明发文日期。声明发布者为正式机构组织时，声明应加盖公章。

（二）声明的写作注意事项

1. 内容真实

声明的事项要属实，在表达自己态度、立场时要客观，是非分明。

2. 语言庄重

声明是维护合法权益、表明立场态度的手段，语言要庄重且严肃。

例文评析

遗失声明[①]

本人王飞，不慎于10月10日遗失了二代居民身份证，证件号为210100200001010101。现声明作废，不承担他人冒用后果。[②]

王飞

2021年10月17日[③]

① 标题由缘由和文种构成。

② 正文交代遗失人姓名、遗失时间、遗失证件名称及证件号码，态度鲜明。

③ 在报纸刊登时，正文部分内容和落款会酌情删减。

任务实施

一、写作训练

钱锋发现有人在某短视频平台用他的姓名和肖像进行营销宣传，销售产品。钱锋以侵犯姓名权和肖像权为由向该平台提出申诉，并公开发表声明，表明自己不会参与、组织任何以盈利为目的的商业活动。请帮助钱锋拟定一份声明。

写作要求：在写作任务手册中完成写作训练，事实交代清楚，态度明确，格式规范。

二、课堂交流

网上经常能看到明星们扎堆发声明，有的声明错字连篇，甚至虚构事实，口不择言。请同学们谈一谈，如何看待这种现象？该怎样正确地使用声明呢？

三、知识巩固

完成写作任务手册中的知识巩固，并参考任务评价标准，开展自评、互评与师评。填写任务总结，对本文体的学习进行总结与反思。

06 公务篇

公务文书是一种和人们关系最直接、使用频率最高、社会功能最大的应用文体。现代社会，公文写作是行使机关职能，部署和开展各项事务的重要载体、工具和基础性工作。公文写作是最能历练人的工作之一，也是职业成长和进步的重要途径。

本篇将联系职场的实际情况，构建报告、请示、批复、决定、通报、通告六种公务文书处理事项的具体情境，引导学生在头脑中建立起公文处理事项完整工作关系的链接，这样写出来的公文才能做到表述清楚，分析到位。让我们在丰富、可感的公文情境中，去感悟公文处理的规律性。

情境一 情况汇报

学习情境

2013年习总书记提出"钉钉子精神"，朴素的话语体现着党和国家对人民的关心和爱护，各级行政部门和单位都把"办实事""钉钉子"作为工作准则。现在，人民群众出门办事方便多了，程序越来越精简，行政审批手续越来越快捷。这些改变是因为很多基层工作人员及时发现了问题，并向上级汇报和请示，上级机关严谨求实，多次考察论证后进行了批复。我们社会生活中的每一个小小的改变，背后是无数勇于担当、勤恳踏实的工作人员合作努力的结果。

作为即将走入社会去承担属于自己的那份责任的准毕业生，除了在学校学习科学知识和掌握专业技能之外，还应加入学生会、社团、志愿者等组织，通过组织活动、参与管理、积极实践等方式，发展兴趣爱好，拓宽视野。在社团工作中，当我们遇到问题时需要向上级进行汇报，针对无法决定和解决的事项需要向上级请示，严格按照上级的批复执行。相信同学们在社团中一定会提前感受到职业规范的严肃性，具备一定的职业能力，为步入职场做好预热。

文体一 报告

学习目标

了解报告的特点，掌握报告的写作格式。
能够读懂各种类型的报告。
培养勇于担当、爱岗敬业的职业态度。

写作任务

在校领导和学校团委的领导和支持下，学校筹备和发起了丰富多彩的社团活动，同学们根据自身兴趣选择了适合自己的社团。

如果你在校无人机社团担任社长，现在需要向上级部门也就是校团委汇报社团建设情况，请据此写一则报告。

写作指导

一、报告概述

（一）报告的含义

报告是向上级机关汇报工作、反映情况、提出意见或建议，答复上级机关询问时所使用的公文文种。

报告是最常用的上行文，是上下级之间沟通情况、协调工作的重要工具。它对上级机关及时了解掌握基层的工作情况，听取基层对上级机关或某方面工作的反映和意见，起到指导作用，在避免主观性、片面性，减少工作失误等方面具有重要的作用。

（二）报告的特点

1. 行文的单向性

报告是下级机关向上级机关汇报工作、反映情况、提出意见或建议，答复询问时所使用的公文文种，不需要上级进行批复，是单向行文。

2. 表达的陈述性

报告是陈述性公文，使用陈述的方式，将事情的来龙去脉、时间、地点、人物、原因、经过、结果等陈述清楚，一般不用描写、抒情的表达方式，如果运用议论，也局限于夹叙夹议。

（三）报告的种类

报告根据内容和作用的不同，可以分为工作报告、情况报告、答复报告和建议报告等。

1. 工作报告

用于向上级机关汇报工作开展情况，反映工作中的成绩和问题，总结经验教训的一种报告。工作报告又分为综合性工作报告和专题性工作报告，如李克强总理在第十三届全国人民代表大会第四次会议上作《2021年政府工作报告》，就属于综合性工作报告。

2. 情况报告

用于向上级机关汇报工作中遇到的新情况、新问题、新动向，反映社情民意，或者就某一专项问题、突发事件、重大事故等向上级汇报情况，如《××县人民政府关于农业受灾情况的报告》。

3. 答复报告

指对上级机关交办的工作或事项的办理情况做出回答的报告，如《××市人民政府关于治理××河水质污染问题的报告》。

4. 建议报告

下级部门主动向上级机关提出建议，经上级机关批准后转发给下级机关执行的报告，如《××学校关于校园生活区建设规划方案的报告》。

二、报告的格式写法

（一）报告的写作格式

报告的写作一般包括标题、主送机关、正文和落款四部分内容。

1. 标题

报告的标题写在首行正中位置，一般用二号小标宋体字编排。如果标题过长，回行时要做到词意完整，排列使用梯形或菱形，保证对称。

报告的标题采用应用文标题的常规写法，由发文机关、事由、文种三部分构成，如《××学校关于改造学生宿舍情况的报告》；有的报告标题，可以简化或省略发文机关，由事由和文种组成标题，如《关于数控实习车间建设情况的报告》。

2. 主送机关

报告的主送机关（单位）即受文对象，在标题下空一行，左侧顶格位置写，一般用三号仿宋体字编排，其名称要写全称或规范化的简称，后标全角冒号。

3. 正文

正文需另起一行，左空两字，单独成段，一般用三号仿宋体字编排，其内容视实际情况和需要而定。

（1）开头部分　包括报告的缘由、目的、意义。开门见山，简明直陈，集中概括，三言两语表达即可。然后写上惯用语，如"现将情况报告如下""现将有关情况报告如下""现报告如下"之类的承启用语，转入报告内容。惯用语后要用全角冒号。

（2）中间部分　包括报告事项的基本情况，取得的成绩和获得的经验，存在的问题，应吸取的教训及下一步的打算。这是报告的主体部分，通常以叙述为主，如实陈述，叙述时要重点突出，要以数据和材料说话，切忌空发议论。把措施步骤、主要成绩和经验体会这三部分的内容交代清楚即可。有时也可提出一些存在的问题，但不作主要内容。

（3）结尾　这是报告的结束语，用惯用语做结，如"特此报告""专此报告""以上报告请审阅""以上报告，如无不妥，请批转执行"。要注意的是报告不要求上级批复，所以不宜出现"请指示"的字眼。

4. 落款

在正文之后右下方位置写上发文机关和成文日期，注意年份不可简写。需加盖公章时，印章应清晰而规范，要求"上不压正文、下压日期""骑年盖月"。

（二）报告的写作注意事项

1. 报告的情况要真实及时

坚持实事求是的精神，为上级机关提供真实情况，便于上级准确地估计形势，制定正确的方针，有效地指导工作。

2. 报告的内容要重点突出

抓住主要问题反映，重点内容应全面具体。

3. 报告的条理要清晰

报告的正文以陈述为主，不能有过多的细节描写，注意内容之间的内在联系，有逻辑顺序，不能胡子眉毛一把抓，杂乱无章。

4. 报告中不能夹带请示事项

报告不需要回复，如需上级回复，应另写一份请示。如果报告夹带了请示事项，有耽误工作的风险。

例文评析

××学校社团工作开展情况报告[①]

××学校：[②]

　　为全面推进素质教育，丰富学生课余文化生活，建设一个优质和谐的校园环境，我校针对上级教育行政主管部门提出的相关要求，通过学校社

[①] 标题写在首行正中位置。

[②] 主送机关写在标题下空一行，顶格写。

团组织，做了大量工作，获得了显著效果，现将学校社团工作开展情况汇报如下：③

一、学校社团基本情况

目前，我校团委组建了摄影社、无人机社、吉他社、汉服动漫社、书画社、舞蹈社、瑜伽健身社、篮球社、羽毛球社等社团组织15个，每个社团设有专业的指导教师。全校在校生1800余人，参加社团组织的近500人。

二、社团工作开展的措施和方法

（一）挑选指导教师

各类社团指导老师采用选派和自荐相结合的方式进行初选，再由校团委、教务处和学生处进行审核，最后挑选出责任心强，有一定专业水平的老师作为指导老师。

（二）明确目的和要求

在团委的管理下，各类社团由指导教师围绕兴趣爱好设定主题，制订活动计划，定期开展体验活动。确定"三固定""两坚持"的要求，做到社团活动固定地点、固定时间、固定成员，坚持长期活动计划，坚持追求活动成果。

（三）活动成果展示

利用文艺汇演、朗诵会、运动会、竞技赛等活动以及学校公众号等网络媒介展示活动成果。

三、取得的成效

社团活动丰富了学生们的课外生活，促进了学业进步，培养出一批自信有担当、才学皆出众的学生团队，培养了他们的合作精神，为他们走入职场进行预热。同时，也促进了我校校园文化和师资队伍的建设。④

四、今后工作

校团委将进一步规范学生社团工作，建立健全各类社团活动章程，完善社团活动种类，扩大社团活动规模，为学生的健康成长服务，为学校各项工作服务。⑤

以上报告请审阅。⑥

××校社团活动中心
2020年9月30日⑦

③ 正文开门见山，写得简明直陈，集中概括。

④ 分条列项写明报告事项的主要情况、取得的成绩和获得的经验。

⑤ 进一步说明下一阶段的安排。

⑥ 惯用语作结束语。

⑦ 正文右下方署发文机关和成文日期。

✅ 任务实施

一、写作训练

无人机社团作为学校最年轻的社团，其建设卓有成效，在专业指导老师的带领下，学员们增强了动手能力、逻辑思维能力和实践能力。校庆活动中，社团成员全员参与无人机编程，编排出特色的无人机表演。接下来，无人机社团的骨干成员将代表学校参加市赛的角逐。请以社团社长的名义向校团委写一则社团建设情况报告。

写作要求：在写作任务手册中完成写作训练，语言表达简明、准确，符合报告的格式。

二、课堂交流

校园社团活动具有积极的作用，与同学们的专业学习是相辅相成、相得益彰的。请同学们对社团活动的积极意义进行探讨，并选取代表说一说如何通过社团活动增强专业自信，提高担当意识。

三、知识巩固

完成写作任务手册中的知识巩固，并参考任务评价标准，开展自评、互评与师评。填写任务总结，对本文体的学习进行总结与反思。

学习目标

了解请示的特点，掌握请示的写作格式。

能够撰写符合公文规范的请示。

培养发现问题和解决问题的能力，树立严谨务实的工作态度。

写作任务

学校无人机社团的活动设备需要定期保养维护，一旦发现设备故障社团社长要第一时间向上级部门提出维修请示，以保证社团工作的顺利进行。

请拟写一份维修无人机设备的请示。

写作指导

文体讲解

一、请示概述

（一）请示的含义

请示是下级机关或单位向上级机关或业务主管部门请求对某一工作给予指示，或对某个问题作出答复的一种公文，是呈请性的上行文书。

（二）请示的特点

1. 单一性

请示的内容必须一事一请，突出重点才能使问题得以尽快解决，如果一份请示提出几个请求事项，则不利于提高请示的效率。同时主送机关只能是一个，不可有多个主送机关，以免延误批复时间或各有各的批复而无法执行。需要同时呈送其他机关的，应当用抄送形式，但不得抄送下级机关或单位。

2. 请求性

从写作目的看，请求的事项常常是迫切需要解决，而本机关或单位无权或无法解决的问题，需要上级机关予以指示、答复、批准或帮助，所以请示有鲜明的请求性的特点。

3. 事前性

请示要在事前行文，不能先斩后奏。

4. 回复性

请示是要求上级机关给予明确回复的公文，受文的上级机关必须对下级机关或单位请示的事项给予回复。

（三）请示的种类

1. 请求指示类请示

请求指示类请示是指下级机关或单位在工作中遇到重大、疑难问题或出现新情况时，请求上级机关给予处理该问题或情况的指示，如《关于〈会计人员职权条例〉中的"总会计师"是行政职务还是技术职称的请示》。

2. 请求批准类请示

请求批准类请示通常是下级机关（单位）要办理某一事项时遇到某些困难或问题，自己无权决定和处理时，请求上级机关的批准，如《××市人民政府关于将××试验区纳入国家开发银行信贷资金支持范畴的请示》。

3. 请求转批类请示

下级机关（单位）处理的重大事项，超出本机关职权范围，需要其他地区、部门、单位贯彻执行，请求上级批转，如《关于妥善处理中等职业学校学生退学后有关问题的请示》。

二、请示的格式写法

（一）请示的写作格式

请示由标题、主送机关、正文和落款四部分组成。

1. 标题

请示的标题写在首行正中位置，用二号小标宋体字编排。如果标题过长，回行时要做到词意完整，排列使用梯形或菱形，保证对称。

请示的标题采用应用文标题的常规写法，由发文机关、事由、文种三部分构成，如《××学校关于贫困学生减免学杂费有关问题的请示》；也有的请示采用"事由+文种"的形式，如《关于特困学生发放助学金有关问题的请示》。

2. 主送机关

请示的主送机关（单位）即受文对象，在标题下空一行，左侧顶格位置写，用三号仿宋体字编排，其名称要写全称或规范化的简称，后标全角冒号。请示的主送机关和报告一样，只能有一个，即直接的上级主管机关（单位）。

3. 正文

正文需另起一行，左空两字位置单独成段，一般用三号仿宋体字编排，其内容视实际情况和需要而定。请示的正文由开头、具体事项、结尾三部分组成。

（1）**开头** 写明请示的理由。这是正文的重要内容，这一部分是能否得到上级认可批复的关键，用语要简明，理由要写得充分，合情合理，清楚明白。

（2）**具体事项** 写明请示的事项。要写得具体、明确，请求批准的事项要合理，具有可操作性。

（3）**结尾** 是请示的结束语，通常使用惯用语，如"以上请示当否（妥否），请批复（批示）""请批转有关部门执行""如无不妥，请批转有关部门执行"等。

4. 落款

在正文之后右下方位置写上发文机关（单位）和成文日期，注意年份不可简写。需加盖公章时，印章应清晰而规范，要求"上不压正文、下压日期""骑年盖月"。

（二）请示的写作注意事项

1. 一事一请

写作中坚持一个请示只写一个问题或事项的原则，不能同时请求指示或批准两个或几个不相关联的问题或事项，这样做，不利于请示问题的解决，甚至可能会贻误时机。

2. 不可多头请示

请示的重要原则是一份请示只能有一个主送机关。多头请示容易造成各上级机关的批复意见的分歧，使下级机关（单位）难以执行，耽误问题的解决。受双重领导的机关向上级请示也要根据具体情况主送一个主管的领导机关，另外抄送另一个领导机关。还需注意的是，请示一般不能呈给上级机关的领导个人。

3. 不可越级

请示应当逐级行文，不可越级。如有特殊情况，必须越级请示时，应将请示同时抄送所越过的上级领导机关。

4. 请示的语气要谦虚恭敬

行文把握分寸，不要有过激的语言，体谅上级机关（单位）的难处，不提过分要求。在写请示事项时，只能写"拟"怎么办，不能写"决定"怎么办。

文体辨析

笔记区

例文评析

关于举办诗歌朗诵大赛活动的请示[①]

校学生处：[②]

为提高学生的文学素养，传承祖国文化经典，值此五四青年节来临之际，机械工程系学生处根据学期初工作计划拟定举办诗歌朗诵比赛。请阅示：[③]

一、活动主题

无悔青春　出彩人生

二、活动时间及形式

活动拟定于2022年5月4日下午2点在校礼堂举行，机械系全体师生参与。

三、比赛说明

（一）参赛作品要求

历代经典诗文，以激励、奋斗、进取为主要内容。

（二）比赛方式

以班级为单位进行评比，集体朗诵，可以配乐或根据需要加入剧情演出。每班参赛时间为3~5分钟。

四、奖项设置及评审办法

比赛采用评委现场打分，现场公布成绩，现场颁奖。设一等奖二名，二等奖五名，三等奖十名。获奖班级颁发奖状。

① 采用"事由＋文种"的标题。

② 在标题下空一行写主送机关。

③ 正文开头写明请示的缘由，这是正文的重要内容。

五、比赛组委会及相关工作安排

（略）

六、其他事项

1. 此次大赛活动预算为一千元左右，用于活动场景布置、奖品购买；
2. 大赛期间，相关人员的工作安排还需学校进行协调。④

以上请示妥否，请审核批复。⑤

机械工程系学生处
2022 年 3 月 6 日⑥

④ 中间部分写明请示的事项。要写得具体、明确，请求批准的事项要合理，具有可操作性。

⑤ 请示的结束语，使用惯用语。

⑥ 正文右下方落款，写发文单位和成文日期。

✅ 任务实施

一、写作训练

校无人机社团现有三台无人机设备，因新成员操作技术不熟练，两台无人机在飞行中发生刮碰后坠地，造成机器故障，急需维修。作为无人机社团的社长，需要预估维修费，及时向上级部门提出维修请示。请拟写一份维修请示。

写作要求：在写作任务手册中完成写作训练，请示的事项清楚，措辞得体。

二、课堂交流

向上级部门发起请示，是为了解决工作中发现的具体问题。不断发现和解决问题的历程，就是社会进步的历程。实干兴邦，必须树立"问题意识"，请同学们谈一谈对"问题意识"的理解。

三、知识巩固

完成写作任务手册中的知识巩固，并参考任务评价标准，开展自评、互评与师评。填写任务总结，对本文体的学习进行总结与反思。

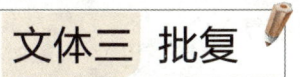

文体三　批复

🖥 学习目标

了解批复的特点及格式写法。

能够针对具体的请示进行批复。

培养规范严谨的职业态度。

🏷 写作任务

任何一项工作的开展，都可能会遇到这样或那样的问题，这就需要我们沉着应对，冷静处理。如无人机社团面对机器故障的突发事件，社长能第一时间提出请示，上级部门及时批复，问题得以顺利解决。

请根据无人机社团的维修请示，以校团委名义作出批复。

✉ 写作指导

一、批复概述

（一）批复的含义

批复是上级机关答复下级机关（单位）的请示事项时所使用的公文。

批复是属于答复性的下行文，是与请示相呼应的公文，从批复的含义可以看出，它的内容涉及面比较窄，除了直接回答请示的事项外，无须涉及其他问题。

（二）批复的特点

1. 权威性

批复代表着上级机关的权力和意志，批复中对请示的意见进行的答复，体现了上级机关的指导思想、决策精神和政策要求，使下级机关能够据以办事，特别是那些关于重要事项或问题的批复，常常具有明显的法规作用。所以，批复具有法定的权威性和行政约束力，下级机关要遵照执行。

2. 指示性

下级机关发来的请示公文，就是请求上级机关做出指示的，上级机关在批复中就要给予相应的指示回复。因此，批复在表明态度后，还要概括地说明方针、政策以及执行中的注意事项。

3. 针对性

批复是根据下级机关请示事项而发。下级机关请示什么问题，上级机关的批复内容就答复什么问题，表明本机关的立场与观点，同意还是反对，不涉及与请示内容无关的其他问题，内容单纯，针对性强。

4. 被动性

批复是与请示相呼应的公文，只有在答复下级机关的请示事项时才能用，不能自己主动发文，因而具有被动性。另外，批复的内容要以请示的内容作答，也具有一定的被动性。

（三）批复的种类

根据内容、性质的不同，批复可分为审批性批复和指示性批复。

1. 审批性批复

审批性批复主要是针对下级机关请示的公务事宜，经审核后所作的指示性答复，如《××市税务局关于××厂申请要求免征房产税问题的批复》。

2. 指示性批复

指示性批复主要是针对方针、政策性问题进行答复。这一类批复，不只是对请示机关提出请示事项的答复，而且批复的指示性内容，在其管辖范围内，具有普遍的指导和规范作用，如《××市教育局关于妥善处理中等职业学校学生退学后有关问题的批复》。

二、批复的格式写法

（一）批复的写作格式

批复一般短小、简明，由标题、正文和落款三部分组成。

1. 标题

批复的标题用二号小标宋体字，写于正中位置。批复一般用"发文机关＋事由＋文种"的完全式标题，有两点需要特别强调：

（1）关于发文机关　标题中的发文机关名称要讲究规范，不能随意略写或简化，简化机关名称要与其他文件中的提法一致。

（2）关于事由　　批复的事由大致有两种写法。一种是用表示关联范围的介词"关于"加上请示或批复的事项来表述，如《国务院关于辽宁省深化改革扩大开放加快经济发展请示的批复》。另一种是在"关于"和请示或批复事项中间再插入一个表态动词"同意"，如《国务院关于同意开放大连航空口岸的批复》。

2. 正文

正文用三号仿宋字体编排，一般由引语、意见、结语三个部分组成。

（1）引语　　批复的开头通常要引述来文作为批复的依据，应当先引标题，后引发文字号，如"你校×月×日关于××问题请示收悉"，以说明批复的依据，然后用"现批复如下"等，引起下文的批复内容。

（2）意见　　这是批复正文的主体部分，即针对请示中提出的问题，逐一给予明确具体的答复。如果完全同意的，就写上肯定性意见。一般要求复述请示主要内容后再表态，不能只笼统写上"同意你们的意见"。因为这样受文单位及其他单位无法知道原请示的具体内容。不同意不批准的，要阐明一下不同意不批准的理由，并提出如何解决的意见，在此基础上，还要提出希望或要求，使下级机关有所约束，有所遵循。

（3）结语　　批复的结语通常用"此复""特此批复""专此批复"等惯用语，也可以省去不写，批复正文写完就结束了。结语另起一行，占一行。

3. 落款

在正文之后右下方写上发文机关和成文日期。

（二）批复的写作注意事项

1. 批复要有针对性

要弄清下级机关请示的事项，核实请示缘由的真实性，对请示所提意见或建议的可行性进行调查研究。

2. 态度要鲜明，批复要及时

对下级的请示，不管同意与否，都应明确表态，切忌含糊其辞、模棱两可，也不能回避请求内容、答非所问。批复要及时，以免贻误工作，如果超出下级机关要求的时限，应及早说明原因。

3. 文字简洁，语气肯定

批复的篇幅短小，语言简明扼要，语气肯定，便于请示机关理解执行。忌用容易产生歧义的词语，以避免下级机关在具体工作中产生错误理解。

笔记区

例文评析

**教育局关于同意××学校
修缮学生宿舍工作的批复**①

××学校：

你校《关于要求修缮学生宿舍工作的请示》××校〔2021〕17号收悉。②

经研究，同意你校对学生宿舍进行修缮。③

特此批复。④

××市教育局
2021年10月10日

① 标题采用"发文机关+事由+文种"的完全式标题。
② 引述来文作为批复的依据，应当先引标题，后引发文字号。
③ 针对请示中提出的问题，给予明确答复。
④ 结语另起一行，占一行。

任务实施

一、写作训练

请根据校无人机社团社长递交的《关于无人机社团设备维修的请示》，以校团委的名义拟写一份批复。

写作要求：在写作任务手册中完成写作训练，有理有据，态度明朗，对象明确。

二、课堂交流

公务文书的写作不仅要规范，还要严谨。尤其是批复这种文体，依问而复，务必明确、严密，做到复而有据。假如你是主送机关的工作人员，对下级机关的请示进行批复时，需要注意哪些问题？

三、知识巩固

完成写作任务手册中的知识巩固，并参考任务评价标准，开展自评、互评与师评。填写任务总结，对本文体的学习进行总结与反思。

|情境二| 事务周知

学习情境

2012 年 11 月 29 日，习近平总书记在参观《复兴之路》展览时提出："实现中华民族伟大复兴，就是中华民族近代以来最伟大的梦想。"这梦想是国家的梦、民族的梦、也是我们每个中国人的梦，我们的中国梦。

亲爱的同学们，你的职业梦想是什么呢？在实现梦想的路上你都做了哪些准备呢？从定制定岗后至工作五年左右的职业发展来看，除了必备的专业技能，公文写作能力也是必不可少的职业能力。很多毕业生在得到晋升后，都会频繁地和各种公文打交道，公文写作能力成了这些青年干部的基本素质要求。在追梦的路上，只要我们认真钻研，注重写作积累，定会让自己的职业梦想绽放光芒！

文体一　决定

学习目标

了解决定的含义、特点和写作格式。

能够根据具体工作任务起草奖惩决定。

培养主动提升技能水平、工作能力的工作态度。

写作任务

钟华同学在毕业五年后，因为过硬的专业技术、认真的工作态度，成为单位的技术骨干。由所在单位推荐，参加了 2020 年全国行业职业技能竞赛，并摘得职业青年组金奖。综合钟华的杰出表现，经单位力荐，市人民政府决定给予钟华表彰。

请根据钟华的表现起草一份表彰决定。

✉ 写作指导

一、决定概述

（一）决定的含义

决定是党政机关、社会组织、企事业单位对重要事项或重大行动做出决定或安排时向所辖范围制发的指挥性公文。决定属于决策性下行文，具有较强的约束力，一旦行文下达，必须执行。决定对于统一思想、维护全局、指导工作等有重要的作用。

（二）决定的特点

1. 权威性

决定是针对重要事项和重大行动，经重要会议或领导班子研究通过做出的安排；一经决定，在所属范围或所辖系统内即具有很强的约束力，受文单位包括个人必须遵守执行，不得违背。

2. 指挥性

决定在宣布重大决策的同时，还拟定具体措施及实施方案，指导下级单位依照执行，具有比较强的指示方向作用。

3. 决断性

发文机关根据党和国家的方针政策以及形势和工作现状，在自己法定的职权范围内，有权对有关事项、问题、行动做出决策和安排，其决定具有决断性，不受其他因素和条件的限制。

（三）决定的种类

1. 法规政策性决定

法规政策性决定是对某一领域或某一方面工作作出政策性或规范性规定的决定，如《全国人民代表大会常务委员会关于修改〈中华人民共和国人口与计划生育法〉的决定》。

2. 宣告事项性决定

宣告事项性决定是宣布某一重大问题处理结果或者对某项工作作出重大安排的决定，如《中共中央关于全面深化改革若干重大问题的决定》。

3. 奖惩性决定

奖惩性决定是对有突出贡献的先进集体、个人进行表彰奖励，或对酿成重大责任事故及其他有严重违纪行为的人作出惩戒处理的决定，如《中共中央 国务院 中央军委关于授予杨利伟同志"航天英雄"荣誉称号并颁发"航天功勋奖章"的决定》。

4. 任免性决定

任免性决定是对有关机构设置、人事安排事项的决定，如《中共中央关于孙××同志任命的决定》。

二、决定的格式写法

（一）决定的写作格式

决定的写作格式一般由标题、题注、正文、附件和落款构成。

1. 标题

决定多采用完全式标题，由发文机关、事由和文种构成，以体现其庄重、严肃。标题用二号小标宋体字写于红色反线下空两行居中位置，可分一行或多行排布，回行时要做到词意完整，排列对称。

2. 题注

凡是重要会议通过的决定，应在标题下一行用题注标明通过决定的会议名称和发布日期，以示重大。题注部分用圆括号括起，三号仿宋字体居中编排。

3. 正文

在标题或发布时间下空一行左空两字位置写正文内容，用三号仿宋字体编排。

正文的内容一般由开头、决定事项和结尾三部分内容组成。

（1）**开头**　简明扼要地交代决定的根据、目的和意义，在开头段的结尾常用"现决定如下"等习惯用语承启下文。

（2）**决定事项**　决定的事项比较单一时，可以用篇段合一的形式表述；决定的事项比较重大、内容比较丰富时，可以采取分条列项的结构方式，用小标题突显主旨，再逐段展开阐述，以便理解和执行。

（3）**结尾**　用于提出希望、要求或执行说明。

4. 附件

有的决定需要带附件。有附件的决定，应当于正文之下、发文机关署名之前，正文下空一行，左空两字位置，用三号仿宋字体标注"附件"，后标全角冒号和附件名称，附件附在主件之后。

5. 落款

在正文结尾的右下方署发文机关全称，发布日期在发文机关之下，右空四字编排，写全年月日。题注已标注成文日期的，落款可不再标注。决定必须加盖公章。

（二）决定的写作注意事项

1. 不能滥用决定行文

决定的内容要与文种相符。一般情况下，事关全局、政策性强、任务艰巨、执行时间长的重大工作，才适宜使用决定行文。

2. 结构要严谨完整

撰写决定时，无论篇幅长短都要做到政策清晰、事项具体、叙述严谨，保证结构的完整性。

3. 语言要庄重严肃

决定是对重要事项的决策与部署，用语必须准确，叙述语言不能模棱两可，文风要庄重大气。

例文评析

中共××学校委员会关于表彰先进党支部
优秀共产党员优秀党务工作者的决定[①]

为庆祝建党一百周年，总结2020年7月至2021年6月党内创先争优活动，表彰在学校教育教学、招生就业、行政管理、后勤保障、安全稳定等方面做出突出贡献的先进典型，进一步激励我校基层党组织和广大党员更好地发挥模范带头作用，校党委决定对表现突出的先进党支部、优秀共产党员、优秀党务工作者进行表彰。[②]

希望受到表彰的先进集体和个人要珍惜荣誉、再接再厉为推动学校发展做出更大的贡献。同时，也号召全校党员干部以先进为榜样，加强学习、坚定信念、牢记宗旨、心系群众，发挥好先锋模范作用，努力创造一流业绩。[③]

① 标题由发文机关、事由和文种构成，标题中除法规、规章名称加书名号外，一般不用标点符号。

② 开篇交代目的意义和决定事项，态度鲜明，语言简洁、庄重。

③ 提出对受表彰对象的希望，并发出号召。

附件：先进党支部、优秀共产党员、优秀党务工作者名单④

中共××学校委员会
2021年7月1日⑤

④ 正文下空一行，左空两字标识"附件"，后标全角冒号，写附件名称。

⑤ 落款署发文机关名称和发文日期，盖公章后生效。

✓ 任务实施

一、写作训练

钟华是沈阳××厂一名焊接技术骨干，2020年他代表单位参加了全国行业技能大赛，凭借超高的专业技术水平，一举摘得职业青年组焊接项目金奖。经单位举荐，钟华被沈阳市政府授予"五一劳动奖章"。请以沈阳市政府的名义，写一份表彰决定。

写作要求：在写作任务手册中完成写作训练，格式准确，书写规范。

二、课堂交流

请同学们结合自己的职业梦想谈一谈，要想实现理想，还要学习哪些知识和技能？培养哪些能力？

三、知识巩固

完成写作任务手册中的知识巩固，并参考任务评价标准，开展自评、互评与师评。填写任务总结，对本文体的学习进行总结与反思。

文体二 通报

💻 学习目标

了解通报的含义和种类，掌握通报的写作格式。

能够根据具体工作任务起草通报。

培养遵守制度、严谨务实的劳动素养。

🏷 写作任务

6S管理（整理、整顿、清洁、规范、素养、安全），是现代企业行之有效的一种管理理念和方法，其目的是提升人的品质，打造企业文化。企业对员工的奖惩也多是以6S为标准进行考核的。职业学校毕业生小刘正是因为严格执行6S管理的要求，得到了企业的认可，多次受到表彰。

请为获企业嘉奖的优秀员工起草一份表彰通报。

✉ 写作指导

一、通报概述

（一）通报的含义

通报是国家机关、社会团体、企事业单位用于表彰先进、批评错误、传达重要精神或通报有关情况的公文。

文体讲解

通报的应用比较广泛，可以用于表扬好人好事、新风尚；也可以用于批评错误，总结教训，告诫人们警惕类似问题的发生；还可以用来互通情况，传达重要精神，沟通交流信息，指导推动工作。

（二）通报的特点

1. 典型性

不是任何的人和事都可以作为通报的对象来写的。通报的人和事具备一定典型性，能够反映、揭示事物的本质，具有广泛的代表性和鲜明的个性。这样的通报发出后才能使人受到启迪，得到教益。

2. 引导性

无论是表扬先进，还是批评错误或通报情况，其目的都在于通过典型的人和事，引导人们辨别是非，总结经验，吸取教训，弘扬正气，树立新风。

3. 严肃性

通报的内容是真实、确凿的，是为指导工作而制发的。无论是表扬、批评或情况通报，都代表着上级组织的意见，具有表彰鼓励、惩戒、警示的作用，其使用十分慎重和严肃，不能弄虚作假。

4. 时效性

通报是针对当时工作中出现的情况和问题制发的，随着客观情况的变化，一件在当时看来具有典型意义的事实，时过境迁，就未必仍具有典型性。因此，通报的下发应抓住时机，才能发挥作用。

（三）通报的种类

1. 表彰性通报

表彰性通报是用来表彰先进单位和个人，介绍先进经验或事迹，树立典型，号召大家学习的通报，如《关于全区疫情防控工作先进集体和个人的表扬通报》。

2. 批评性通报

批评性通报是对出现的性质严重、影响较大的问题或事故进行批评，借以达到告诫和教育目的的通报，如《关于对市食品卫生监督局7位办事人员违纪行为的批评通报》。

3. 情况通报

情况通报是在一定范围内传达重要情况和动向，以指导工作为目的的通报，如《2015年全市文件备案审查工作情况通报》。

二、通报的格式写法

（一）通报的写作格式

通报一般由标题、主送机关、正文、落款组成，一般会去掉文号和密级。

1. 标题

标题由发文机关、事由和文种构成，普发性的通报可省略发文机关，有的通报标题只有文种名称。标题写在红色反线下空两行居中位置，用二号小标宋体字编排。标题较长时可分多行排布，回行时要做到词意完整，排列对称。

2. 主送机关

主送机关即受文单位，一般用三号仿宋字体写在标题下空一行左侧顶格位置。主送机关较多时，可以回行，仍然顶格，最后一个主送机关名称之后用全角冒号。除普发性通报外，其他通报均应标明主送机关。

3. 正文

一般在主送机关名称下一行，每自然段左空两字位置写正文内容，用三号仿宋字体编排。正文包括原因、事项、处理意见、经验教训、要求及希望、号召等内容。

（1）**开头**　阐述主要事实。表彰性通报突出主要的先进事迹；批评性通报要抓住主要错误事实；情况通报要交代缘由，要对情况做客观叙述。

（2）**主体**　分析指出事例的教育意义。表彰性通报在阐述先进事迹的基础上，提炼出主要经验、意义和值得学习与发扬的精神；批评性通报要分析错误的性质、危害、产生的根源和责任，指出应吸取的主要教训等；情况通报要对有关情况加以分析说明，有时还针对具体问题提出应采取何种对策的指导性意见。

（3）**结尾**　提出要求和希望。

4. 落款

在正文结尾的右下方署发文机关全称，发布日期在发文机关之下，右空四字编排，写全年月日。下发或张贴的通报要加盖公章。

（二）通报的写作注意事项

1. 通报的内容必须真实

通报的事实，所引材料，都必须真实无误。动笔前要调查研究，对有关情况和事例要认真进行核对，客观、准确地进行分析评论。

2. 通报决定要恰如其分

无论哪一种通报，都要做到态度鲜明，分析中肯，评价实事求是，结论公正准确，用语要把握分寸，否则通报不但会缺乏说服力，而且有可能产生副作用。

3. 通报的语言要简洁、庄重

通报应注意用语分寸，要力求文实相符，不讲空话、套话，不讲过头的话。

例文评析

关于对焊接车间孙 × 违反公司着装规定的错误行为予以批评的通报①

公司各部门：②

今年9月14日下午，生产和安全部门在执行日常检查过程中发现焊接车间孙 × 在工作期间未穿工作服和工装鞋，违反了公司的着装规定，当即给予批评教育。三日后，安全部门人员复检时，发现孙 × 着装仍不符合要求，面对安全部门人员的处罚意见，孙 × 为自己的行为进行辩解，态度恶劣，造成不良影响。③

孙 × 的行为严重违反了公司的管理制度和员工的行为准则，为严肃纪律，依据《职工安全守则》《安全生产教育制度》及《安全生产检查制度》，经公司人事部门会议决定，就孙 × 的错误行为作出如下处理：对孙 × 予以通报批评，扣发当月奖金，责令孙 × 做出深刻检查。④

希望公司各部门员工引以为戒，更加严格要求自己，提高遵守公司规章制度的自觉性，在今后的工作中认真负责，勤奋工作，推动公司各项工作再上新台阶。⑤

×××股份有限公司
2019 年 9 月 18 日⑥

① 标题由事由和文种构成。

② 标题下空一行左侧顶格写主送机关。

③ 开篇陈述事件，客观描述，语言准确，清楚扼要。

④ 正文第二自然段交代错误性质，作出处理决定。

⑤ 结尾提出要求或警示，并发出号召。

⑥ 正文右下方落款，并加盖公章。

任务实施

一、写作训练

小刘为××股份有限公司的员工,她爱岗敬业,认真负责,严格遵守企业的各项规章制度,在年度6S管理考核中,成绩优秀,为广大员工做出了很好的表率。请以公司人事部的名义为小刘写一份表彰通报。

写作要求:在写作任务手册中完成写作训练,格式准确,书写规范。

二、课堂交流

6S管理是一种科学的管理工具,是行为的规范,也是一种企业文化。同学们,请谈谈你们是怎样践行6S管理的。

三、知识巩固

完成写作任务手册中的知识巩固,并参考任务评价标准,开展自评、互评与师评。填写任务总结,对本文体的学习进行总结与反思。

文体三 通告

学习目标

了解通告的含义,掌握通告的写作格式。

能够根据具体工作任务起草周知性通告。

提高服从管理、锐意进取的职业素养。

写作任务

企业的轮岗调动制可以提高员工综合技能,促进复合型人才的发展,增强企业活力。每一年的年底,在企业官网或官方微信里,都会发布人事调动通告,需要调岗的员工会在这一则通告中找到自己的职位。

请根据具体的工作任务起草一则通告。

写作指导

一、通告概述

(一)通告的含义

通告是国家机关、社会组织、企事业单位在一定范围内向社会公众或者有关单位、人员公布应当遵守或者周知事项的知照性公文。通告内容广泛,使用方便。它可以用来公布应当遵守的政策法令,也可以用于通告应当周知的具体事项。

(二)通告的特点

1. 公开性

通告是公开制发的,具有让尽可能多的人知道的目的性。

文体讲解

2. 知照性

通告的内容具有一定的知照性，发布通告的目的，有的是让公众知道发生了什么事情，有的则不仅要让公众知道一些事情，还要求有关人员遵守与其相关的某些规定。

（三）通告的种类

1. 法规性通告

法规性通告是指在一定范围内公布政策法规的通告。常常用于对某些事项作出规定条文，向人民群众宣布应当遵守的事项。具有政策法规效力和很强的制约性。这类通告一般由国家行政机关发布，必须严格遵守，如《沈阳市公安局关于地铁禁止携带危险品目录的通告》。

2. 周知性通告

周知性通告是在一定范围内，向机关单位和人民群众公布应当周知事项的通告。这里需要指出，周知性通告虽然不具有法规性通告那样的制约性，但是在让受文者知道的前提下，往往也带有某些相应的要求，只是它的主要目的在于让人知道、明白通告事项，如《关于加强犬类管理的通告》。

二、通告的格式写法

（一）通告的写作格式

通告一般由标题、正文和落款三部分组成。

1. 标题

标题用二号小标宋体字写于正中位置。通告的标题由发文机关、事由和文种构成，有时视情况省略发文机关和事由。

2. 正文

在标题下空一行，每自然段左空两字位置写正文内容，一般三号仿宋字体编排。正文的结构一般由开头、主体、结尾和结语四部分组成。

（1）**开头**　主要交代缘由、根据、要求，概括说明发出通告的原因和目的。法规性通告一般还要求写清法律依据，以增强通告的法律效力。段末常用习惯用语"通告如下""特作如下通告"等过渡到下文。

（2）**主体**　即通告事项部分，主要说明通告具体内容。这一部分由于事项比较多，常常采用标序列述的方法来写。要求做到主旨鲜明，事项具体，条理清晰，简洁通俗，便于理解执行。

（3）**结尾**　提出执行要求或号召。有的通告没有结尾段。

（4）**结语**　一般单独设段，用"特此通告"作结，以体现通告的规范性和严肃性。有的通告不用结语。也有的通告的正文部分不但没有结语，甚至连结尾也没有，通告事项内容表述完毕，全文就结束了。

3. 落款

正文右下方署发布通告的机关单位全称和成文日期，并加盖公章。

（二）通告写作的注意事项

1. 通告事项应该注意政策性

通告的撰稿者要有政策观念，确保通告事项不与现行政策抵触，符合党和国家的政策，不得与党纪国法相悖，不搞违反法律程序的"土政策"。

2. 一文一事，结构严密

通告一定要"一文一事"，内容具体突出，中心明确无疑，"缘由"要有理有据，"事项"能阐明中心，全文结构要严密，层次要清楚，有逻辑性，给人以深刻的印象，这样才能使受文者抓住要领。

3.行文通俗易懂，语气要肯定庄重

由于通告的制发单位范围广泛，常常涉及各种行业的专门业务，这就要求在语言表述上，在不影响准确表达的前提下，尽量少用术语、行话，多用大众语言，做到通俗易懂，以便适应通告受文群众不同文化层次的现状，以达到"周知"和"遵守"的目的。

例文评析

×××公司生产车间岗位调动通告①

因本季度订单增加，时间紧、任务重，经公司领导研究决定，暂将焊接、机加车间人员进行岗位调动，具体通告如下：②

一、将机加车间三组调至焊接车间，暂定焊接车间二组。

二、原机加车间三组组长刘××同志，调至焊接车间二组任组长一职，负责近期的相关工作任务。③

希望各位员工以公司利益为重，服从领导安排，团结协作，保质保量完成本季度的工作。④

特此通告！⑤

×××公司人事部
2021 年 12 月 12 日⑥

① 标题由发文机关、事由和文种构成。

② 正文第一自然段交代通告的缘由。

③ 正文第二、三自然段分条交代具体安排，简洁明了。

④ 正文结尾提出希望。

⑤ 惯用语作结，提出执行要求。

⑥ 正文右下方落款，并加盖公章。

任务实施

一、写作训练

章某就职于××物流公司，入职12年，工作勤勤恳恳，认真负责，进取向上，能够快速适应不同的岗位。先后在配送部、客服部、市场部工作，担任过配送部调度、客服部接待员、客服部主管和市场部经理。在年度考核中，表现优异，成绩突出，获得该公司总部嘉奖，现委派其担任××物流公司区域经理职务。根据以上材料，写一则通告。

写作要求：在写作任务手册中完成写作训练，格式准确，书写规范。

二、课堂交流

毕业后，大多数人都会从事与专业对口的岗位，力求在实践中不断精进自己的专业，以谋求更长远的发展。可是，随着各种机遇的出现，从事与专业相关工作的人越来越少，用人单位关注的也不仅仅是你所学的专业。请同学们想一想，说一说，企业和社会更加关注的是什么？

三、知识巩固

完成写作任务手册中的知识巩固，并参考任务评价标准，开展自评、互评与师评。填写任务总结，对本文体的学习进行总结与反思。

参考文献

[1] 古月. 新编办公室标准文书写作指导与范例大全[M]. 广州: 海潮出版社, 2019.
[2] 齐绍平, 黄春霞. 公文写作与范例大全[M]. 北京: 中国言实出版社, 2017.
[3] 欧阳周. 实用文秘写作教程[M]. 2版. 长沙: 中南大学出版社, 2010.
[4] 曾昭乐. 现代公文写作[M]. 广州: 中山大学出版社, 2001.
[5] 邓筱玲, 许宝利. 应用文写作[M]. 2版. 北京: 人民邮电出版社, 2013.
[6] 王杰. 应用写作[M]. 3版. 北京: 机械工业出版社, 2020.
[7] 李少伟, 张晓飞. 合同法[M]. 北京: 法律出版社, 2021.
[8] 张庆祥. 新编企业常用合同协议签约样本大全[M]. 广州: 海潮出版社 2009.
[9] 陈硕, 王瑜珲. 实用应用文写作教程[M]. 北京: 北京理工大学出版社, 2018.
[10] 史英新. 应用写作[M]. 济南: 山东人民出版社, 2016.